Wilhelm Roth

Militärärztliche Studien

Wilhelm Roth

Militärärztliche Studien

ISBN/EAN: 9783743655744

Hergestellt in Europa, USA, Kanada, Australien, Japan

Cover: Foto ©berggeist007 / pixelio.de

Weitere Bücher finden Sie auf **www.hansebooks.com**

Militairärztliche Studien.

Drei Aufsätze

von

Dr. Wilhelm Roth,

Stabsarzt am Kgl. med. chir. Friedrich-Wilhelms-Institut.

I. **Das Lager von Châlons sur Marne** im Sommer 1863. Skizzen aus dem Sanitäts-Dienste in der französischen Armee.

II. **Ueber das Medicinal-Wesen der Königlich Belgischen-Armee** mit besonderer Rücksicht auf die Medicinal-Verpflegung.

III. **Ueber Sanitäts-Compagnien** mit besonderer Rücksicht auf die Königlich Hannöversche Sanitäts-Compagnie und deren Uebungen im Juni 1863.

Mit einem Plan des Lagers von Châlons und mehreren Holzschnitten.

Berlin, 1864.

Vossische Buchhandlung (Strikker).

Charlottenstr. 42., Ecke der Dorotheenstr.

VORWORT.

Die vorliegende Schrift ist das Resultat einer Reise, welche ich im Sommer 1863 nach Hannover, Belgien und Frankreich in der Absicht, das Militair-Medicinal-Wesen dieser Länder kennen zu lernen, gemacht habe. Die mir durch die Güte des Herrn General-Stabs-Arztes der Armee Herrn *Dr. Grimm* zu Theil gewordenen Empfehlungen des Königlichen Ministeriums der auswärtigen Angelegenheiten an die Königlichen Gesandtschaften, sowie die freundliche Zuvorkommenheit der hohen Kriegs-Ministerien dieser Länder, gestatteten mir meinen Zweck möglichst vollständig zu erreichen.

Wenn ich in diesem Zeitpunkte, wo der Sanitäts-Dienst unserer Armee wirklich im Felde erprobt wird, mit einer Schrift in die Oeffentlichkeit trete, die sich im Wesentlichen an Friedens-Verhältnisse anschliesst, so bin ich mir des ungünstigen Augenblicks wohl bewusst. Der Umstand jedoch, dass mein dritter Aufsatz über Sanitäts-Compagnien, den ich bereits unter dem Eindruck der neusten Kriegs-Ereignisse geschrieben habe, Manches enthalten dürfte, was vielleicht gerade in dem jetzigen Moment von besonderem Interesse sein könnte, zumal mir durch die Güte einiger Collegen Mittheilungen über die Resultate unserer Krankenträger-Compagnie in Schleswig geworden sind, liess mich nicht länger mit der Veröffentlichung zögern.

Die folgenden Aufsätze würden sich bei ihrem heterogenen Inhalt besser zu Journal-Artikeln geeignet haben.

Da es jedoch nach dem Eingehen der militair-ärztlichen Zeitung gänzlich an einem Organ für längere Aufsätze dieser Art fehlt, so blieb mir nur die Form einer Brochüre übrig. Mag dieselbe mit Nachsicht aufgenommen werden; Mangel an Zeit hat mich gehindert, derselben eine weitere Ausdehnung und damit eingehendere Gründlichkeit zu geben. Auch die Schwierigkeit, von hier aus nachträglich über einzelne Punkte Auskunft zu erhalten, die man an Ort und Stelle leicht eruiren kann, muss ich zu meiner Entschuldigung anführen. —

Ich habe schliesslich noch die angenehme Pflicht zu erfüllen, den Herren, die mir bei meinem Besuche eine so entgegenkommende Aufnahme gewährten, meinen aufrichtigen Dank auszusprechen — vor Allem den Herren: General-Stabs-Arzt *Dr. Stromeyer* in Hannover, Inspecteur général du service de santé *Dr. Vleminckx* in Brüssel und Inspecteur du service de santé Baron *Dr. Larrey* in Paris. Ausserdem mögen noch die Herren: Assistenzärzte *Dr. Oelcker*, *Dr. Rüst* und *Dr. Jung* von der hannöverschen Armee, Pharmacien principal *Dr. Pasquier* und Méd. de bataillon *Dr. Janssen* von der belgischen Armee, Méd. principaux *Dr. Colauxmant* und *Dr. Champouillon*, Méd. majors *Dr. Schaeffer*, *Dr. Colau*, *Dr. Meurs* und *Dr. Meunier*, Aide-majors *Dr. Deslande* und *Dr. Mire* von der französischen Armee, durch deren Güte mir die speciellen Data der folgenden Aufsätze grösstentheils zugegangen sind, gestatten, dass ich ihnen meinen Dank hier öffentlich ausspreche, wozu ich mich in Erinnerung der durchlebten angenehmen und lehrreichen Stunden doppelt verpflichtet fühle.

Berlin, im März 1864.

Dr. W. Roth.

Inhalts-Verzeichniss.

I. **Das Lager von Châlons sur Marne im Sommer 1863.** Skizzen aus dem Sanitäts-Dienst in der französischen Armee.

	Seite.
Einleitung. Historisches	3—5
Allgemeine Verhältnisse.	
Lage des Lagers	5
Klima	6
Wasser	6
Einrichtungen des Lagers	
Vertheilung der Truppen und Truppenstärke	7
Unterbringung der Truppen	9
Zelte	9
Baracken	14
Latrinen	15
Prison centrale	16
Kleidung der Soldaten	17
Reinlichkeit der Soldaten	19
Verpflegung der Soldaten	20
Theater	21
Beschäftigung der Truppen. Zeiteintheilung	21
Sanitäts-Anstalten	22
Das Hôpital du centre	22
Ventilation	23
Lagerung	24
Kleidung	24
Diaet	24
Latrinen	25
Die Ambulance du centre	26
„ „ de droite	27
„ „ de gauche	28
Das Hôpital infirmerie	28
Uebersicht über die Hospitäler	30
Regiments-Infirmerien	31
Der Sanitäts-Dienst im Lager	32
Das Personal	32
Untersuchung der Kranken	34
Transport der Kranken nach dem Hospital	34
Der Dienst in den Hospitälern	35
Der Krankenstand im Lager	36
Fiévreux	38

	Seite.
Blessés	40
Vénériens	41
Bordelle	41
Todesfälle	43
Der Sanitäts-Dienst bei den Manövern	44 45
Truppen-Aerzte	45
Ambulance-Tornister	46
Satteltaschen	47
Aerztliche Verbandtaschen	48
Ambulancen	49
Wagen	49
Caissons	52
Uniform und Pferde der Aerzte	53
Anmerkung. Gehalt und Rang der Aerzte	54

Anhang.

Uebersicht über den Sanitäts-Dienst auf dem Schlachtfelde	55
Sanitäts-Personal	55
Verband- etc. Materialien	57
Transportmittel	58
Verwendung der Truppen-Aerzte	59
„ „ Ambulancen	60
Versuche des Dr. Martrez	62
Schluss	63

II. Ueber das Medicinal-Wesen der Königlich Belgischen Armee mit besonderer Rücksicht auf die Medicinal-Verpflegung.

Einleitung	67
Eintheilung des Corps der Officiers de santé	67
Rangverhältnisse	68
Geschäfts-Vertheilung	69
Zahl der Aerzte bei den Truppen	69
Recrutirung der Aerzte	71
Avancement	72
Gehalt	74
Pension	75
Uniform	76
Hospital-Verwaltung	78
Aufsicht über den Sanitäts-Dienst	78
Wissenschaftliche Conferenzen	79
Medicinische Bibliotheken in den Lazarethen	80
Hülfspersonal	80
Ambulancen	81
Medicinal-Verpflegung der Armee. Pharmacie centrale	82
Lieferungen für die Pharmacie centrale	83
Bedingungen des Cahier des Charges für Medicamenten-Lieferungen	83

	Seite.
Bedingungen des Cahier des Charges für Blutegel-Lieferungen	86
Besprechung des Lieferungs-Modus	87

III. **Ueber Sanitäts-Compagnien** mit besonderer Rücksicht auf die Königl. Hannöversche Sanitäts-Compagnie und deren Uebungen im Juni 1863.

Ueber Sanitäts-Compagnien im Allgemeinen	93—107
Die Königl. Hannöversche Sanitäts-Compagnie	107
Bestimmung	107
Formation	107
Eintheilung	109
Uniform	110
Ausrüstung für den Sanitäts-Dienst	110
Bandagentaschen	111
Sanitätswagen	111
Tragen	113
Requisitenwagen	114
Die Uebung der Sanitäts-Compagnie im Juni 1863	115
Concentrirungsstärke	115
Marschformation	116
Eintheilung der Compagnie	116
Commandos	117
Lagerungs-Methoden auf den Bahren	118
Verbandplatz	119
Landwagen zum Verwundeten-Transport	120
Verhältniss der Sanitäts-Compagnien zu den Feld-Lazarethen	122

Anhang.

Rang- und Gehaltsstellung der K. Hann. Militair-Aerzte	123

I.

Das Lager

von

Châlons sur Marne

im

Sommer 1863.

Skizzen

aus dem

Sanitätsdienste in der französischen Armee.

„Die anscheinbar der Heilkunst noch so fern liegenden Ein-
„zelheiten des militairischen Dienstes bilden für den Militair-Arzt
„eine Quelle nützlicher Beobachtungen. Wenn man mit Recht bei
„einem einzelnen Kranken sagt, dass nur der Arzt glücklich für
„ihn gewählt ist, der sein ganzes physisches und materielles Leben,
„seine Bedürfnisse, seine Gewohnheiten kennt, warum soll nicht der
„Militair-Arzt auf das Genaueste in die Thätigkeit und das Leben
„des Soldaten eingeweiht sein und diese Gesichtspunkte in seine
„besonderen Fachstudien mit aufnehmen — der Arzt wird dadurch
„in den Stand gesetzt sein, unvorhergesehenen Fällen mit den rich-
„tigen Massnahmen jederzeit vorbereitet entgegentreten zu können,
„ohne ängstlich nach unzureichenden Auskunftsmitteln greifen zu
„müssen."

Dies ist der Gedanke, den der *Médecin principal Perier* seinem Bericht über das Lager von Châlons im Jahre 1858 vorangesetzt hat. Derselbe giebt dem hohen Interesse einen beredten Ausdruck, welches die Theilnahme an militairischen Actionen überhaupt dem Militair-Arzt von Fach einflössen muss. Hier im Lager von Châlons ist aber eine besondere Gelegenheit geboten, den Soldaten in seinem speciellen Leben und Treiben zu beobachten, hier treten bei einer länger dauernden Concentrirung eines grösseren Corps unter besonderen Verhältnissen so recht die Bedingungen ans Licht, unter denen die Gesundheit des Einzelnen wie die des Ganzen bewahrt und behauptet werden kann. Die bei den europäischen civilisirten Armeen im Allgemeinen gleichen Lebensbedingungen, die Unerheblichkeit in den Abweichungen für die einzelnen Armeen lassen den nicht französischen Militair-Arzt aber ebenfalls werthvolle Erfahrungen machen, indem seine Resultate durch die Besonderheiten seiner heimathlichen Armee zwar Modificationen erleiden, aber doch immerhin wichtige Erfahrungen der Vergangenheit bestätigen, werthvolle Anhaltspunkte für die Zukunft liefern können.

Die Idee der stehenden Lager ist seit diesem Jahrhundert in Frankreich besonders zur Ausführung gekommen. Das grosse Lager bei Boulogne, in welchem *Napoleon I.* von 1803 bis 1811 so bedeutende Truppenmassen concentrirte, war wohl das grösste Lager dieser Art, in welchem eine Armee — damals über 100,000 Mann — wie in einer Garnison zusammengezogen war. Nach dem Sturze des ersten Kaiserreichs wurden nur ab und zu unbedeutende Lustlager gebildet; die Feldzüge in Algerien gaben den Truppen später Gelegenheit, im wirklichen Kriege sich Abhärtung und Gewandtheit vor dem Feinde zu erwerben.

Mit dem Beginn des Krim-Feldzuges 1854 wurde das alte Lager von Boulogne aufs Neue von den Todten erweckt; ein Befehl des Kaisers *Napoleon III.* ordnete die Bildung eines stehenden Lagers bei Boulogne für die Operationen in der Ostsee an. Das alte Lager von Boulogne von 1803 bis 1811 hatte keine ungünstigen Resultate gegeben; *Perier* erwähnt wenigstens, dass damals keine erheblichen Krankenzahlen vorgekommen seien. Mit dem neuen Lager von Boulogne wurde es anders, dasselbe ergab folgende Resultate:

		Durchschnittsstärke		Krankheitsfälle		Todte.
Im 2. Semester	1854 auf	27,900	Mann	9251	davon	498
Im 1. „	1855 „	33,365	„	8496	„	518
Im 2. „	1855 „	23,716	„	5463	„	182
Im 1. „	1856 „	13,221	„	2716	„	58
in Summa auf		98,202	Mann	25,926	Kranke	1256 Todte.

Dies Resultat, dass auf circa 4 Mann ein Krankheitsfall und auf je 78 Mann in einem einheimischen Lager ein Todter kam, war ein wahrhaft erschreckendes — dasselbe kommt auf die heftigen Cholera, Typhus und Scorbut-Epidemien, die hier besonders im 2. Semester 1854 und im 1. Semester 1855 grassirten. Die Regierung liess sich jedoch in Anbetracht der eigenthümlichen Umstände, von denen dies Resultat herbeigeführt war, nicht abschrecken, ein neues Lager zu eröffnen und es wurde schon 1856 nach der Auflösung des Lagers von Boulogne die Bildung eines constanten Lagers für 30,000 Mann bei Châlons sur Marne auf dem sterilen Kreideplateau der Champagne befohlen, welches im Jahre 1857 zum ersten Male von den Truppen der Garde bezogen wurde und seit dem jedes Jahr eine Armee während der Sommermonate vereinigt gesehen hat.

Allgemeine Verhältnisse.

Lage des Lagers. Es ist nicht unsere Sache die Gründe zu besprechen, die gerade die Wahl dieser Localität bestimmten. Einmal mögen strategische Gründe maassgebend gewesen sein, besonders waren es aber gewiss auch die Gründe der Billigkeit, die in dem sterilen, wenig cultivirten Kreideboden der Champagne ein so bedeutendes Terrain leichter als in besser angebauten Gegenden finden liessen. Auch den historischen Erinnerungen, die gerade in der französischen Armee mit so viel Liebe cultivirt werden, entsprach diese Lage des Lagers; es liegt wenige Meilen von Montmirail, von Champaubert — es grenzt an das Schlachtfeld des *Attila* — „*c'est la terre, qui appelle le soldat*" hiess es in einem der ersten Tagesbefehle.

Das grosse zum Zweck der Uebungen für 6 Millionen Franken angekaufte Manövrirfeld, auf dessen südöstlichem Theil auch das Lager selbst steht, hat einen Flächeninhalt von 40,000 preussischen Morgen oder 10,000 hectares bei 42 Kilimètres Umfang — gegen 6 deutsche Meilen —. Dasselbe liegt gegen 3 deutsche Meilen nördlich von Châlons sur Marne, heisst also nur sehr uneigentlich „bei Châlons". Dies Terrain ist ein Theil einer sehr grossen Kreidebank, deren Mächtigkeit man auf 500 Mètres schätzt und die sich bis zum Canal im Norden hin ausdehnt. Bei der Anlegung eines artesischen Brunnens in Châlons hatte man bei 203 Mètres Tiefe des Bohrloches die Kreide noch nicht durchbohrt. Die Kreide enthält nach *Perier* Adern von Sand, der mit Thon untermischt ist, häufig ist der Sand auch mit körniger Kreide gemengt. Lockere Erde ist auf dem zerreiblichen Kalk wenig vorhanden, jedoch ist bei gehöriger Düngung die Fruchtbarkeit nicht ausgeschlossen. Dies beweisen die Pappeln, die sich noch mehrfach auf den früher cultivirten Parthien finden, sonst sind nur kleine Fichtengebüsche vorhanden, die den ehemaligen Eigenthumsgrenzen entsprechen. Es ist befohlen sie zu schützen, um dem Boden eine feste Decke zu sichern.

Der Boden hat eine starke Capillarität; selbst die Spuren der heftigen Regengüsse, die wir im August 1863 hatten, waren schnell wieder verschwunden, vorher brachten dieselben jedoch einen sehr zähen Schlamm zuwege, der die Passage sehr erschwerte.

Zur Ausnutzung des Bodens sind Meiereien angelegt; Jouchery, St. Hilaire, Suippes im Norden, Piémont im Osten, Cuperly, Vadenay und Bouy, nebst der kaiserlichen Meierei im Süden. Dieselben sind von der Militair-Verwaltung an Unternehmer verpachtet.

Das Klima ist im Ganzen das von Paris jedoch etwas rauher, da bei dem völlig offnen Kreideplateau allen Winden freier Zutritt gelassen ist. Die Winde sind meist trocken; die vorherrschenden Winde sind Südwinde. Die Temperatur macht oft grosse Sprünge, bis zum Juni sind Nachtfröste häufig. Die Hitze ist im Sommer sehr erheblich, zum Herbst hin treten oft sehr intensive Regengüsse ein. Die im vorigen Jahre sehr hohe Temperatur der ersten Hälfte des August war auch im Lager sehr fühlbar, dafür traten in der zweiten Hälfte intensive Regengüsse auf. Im Ganzen ist das Klima ein sehr gesundes, epidemische Krankheiten sind hier, so lange das Lager besteht, nie beobachtet worden.

Wasser. Vier Bäche, der Cheneu und Veslebach im Südosten und Süden (die sich beide vereinigen und in die Marne fliessen), der Noblette im Südwesten, der Suippebach im Norden kommen für das ganze Manövrirfeld in Betracht. Der wichtigste von diesen Bächen ist der Cheneu, der das Lager selbst durchfliesst und in zwei ungleiche Theile theilt. Der Cheneu enthält keine grosse Wassermenge. Er verschwand im Jahre 1858 durch die Thätigkeit der vielen Pumpen des Lagers, welche ihr Wasser den Zuflüssen des Cheneu entnahmen. Auch in andern Jahren ist er mehrfach ausgetrocknet, zuletzt 1862, 1863 ist trotz der grossen Hitze seine Wassermenge unvermindert geblieben. Die Vesle und Suippe könnten höchstens im Falle einer Verlegung des Lagers von Wichtigkeit werden. Das Wasser dieser Bäche ist frisch, klar, eignet sich zur Zubereitung von Gemüsen und löst die Seife gut auf. Die Vesle enthält vorherrschend Kreide, 165 grammes auf 1000 Litres (*Perier*), ebenso die Suippe, beim Cheneu ist dies weniger der Fall, da derselbe zum grossen Theil über Torfgrund fliesst und dessen Wasser auch einen etwas an Torf erinnernden Geschmack hat.

Das wichtigste Mittel zur Versorgung des Lagers mit Wasser sind die Brunnen, die in grosser Anzahl im Lager selbst angelegt sind. Diese Brunnen sind von verschiedener Tiefe 8 — 10 — 30 Mètres, je nach der Höhe des Orts, wo sie liegen. Dieselben sind auf zwei verschiedene Arten angelegt. Die eine Art, die gebohrt war, gestattete die Anlage eines Brunnens von 6 bis 8 Mètres

Tiefe in 24 Stunden bei 18 Centimètres Durchmesser. Die andere Art der Brunnen war durch Einrammen von Röhren hergestellt bei 16 bis 17 Centimètres Durchmesser. Bei jedem Brunnen ist eine Pumpe angelegt. Trotz des geringen Durchmessers der Röhren geben diese Brunnen eine hinreichende Wassermasse. Ein grosser Uebelstand bei diesen engen Röhren ist jedoch der, dass jede Verstopfung derselben nur mit der Demolirung des ganzen Brunnens beseitigt werden kann; man zieht deshalb geräumigere gemauerte Brunnen von solchem Umfange, dass ein Mensch hineinsteigen kann, vor, die auch vielfach angelegt worden sind. Auf jedes Regiment kommen 3 — 4 Pumpen. Dieselben geben eine hinreichende Quantität Wasser, so dass selbst bei dem vorhin erwähnten Verschwinden des Cheneu kein Wassermangel eingetreten ist. Die Beschaffenheit des Brunnenwassers anlangend, so ist dasselbe im Jahre 1857 zu Châlons genau analysirt worden. Nach dieser Analyse, die *Perier* in seinem Rapport über das Jahr 1858 mittheilt, enthält das Brunnenwasser neben Kohlensäure Kalksalze und vorzugsweise Gyps; frisches Wasser hat eine eigenthümliche opalisirende Färbung; steht es länger, so lässt es, wie ich selbst gesehen habe, einen geringen weissen Niederschlag fallen. Die Erfahrung hat gezeigt, dass diese Beimischung durchaus unschädlich ist. In grösseren Quantitäten getrunken, wirkt dies Wasser schwach abführend. Dabei ist dasselbe zu jedem Gebrauch geeignet; von der Temparatur von 9—10° Cels. Stagnirendes Wasser, welches leicht Schwefelwasserstoff-Verbindungen aus den verfaulenden organischen Substanzen erzeugt, ist im Bereich des Lagerterrains nicht vorhanden.

Einrichtung des Lagers.

Vertheilung der Truppen und Truppenstärke.

Das Lager nimmt auf dem grossen Manövrirfelde, wie ich schon vorhin erwähnte, die südöstliche Ecke ein. Es liegt auf beiden Seiten der Ufer des Cheneu, dessen Laufe es ungefähr folgt, in der Nähe der Dörfer Mourmelon-le-Petit (wo der Bahnhof liegt) und Mourmelon-le-Grand, welcher letztere Ort vielfache durch das Lager hervorgerufene Privat-Etablissements enthält. Das Lager ist ungleich auf den beiden Ufern des Cheneu vertheilt. Auf dem linken Ufer liegt die längere Linie, 8 Kilomètres also eine deutsche Meile lang. Diese Linie enthält das Zeltlager einer Infanterie-Brigade, einer Kavallerie-Division, ferner das Barackenlager der zweiten Infanterie-Division, die Front nach Südosten vorgeschwenkt, endlich das Zeltlager der dritten Infanterie-Division, in der ersten Richtung fortlaufend; an diese schlossen sich im vorigen Jahre die Zelte der Spahis und eines Bataillons Tirailleurs indigènes (Turkos). Auf demselben Ufer des Cheneu liegen auch das Hôpital du centre und die Ambulance du centre, de droite und de gauche; ersteres mit der Ambulance du centre bei der zweiten Infanterie-Division; die Ambulance de droite, hinter der Cavallerie-Division; die Ambulance de gauche hinter der dritten Infanterie-Division. Die Front dieser Linie liegt dem auf einer Höhe befindlichen kaiserlichen und General-Quartier, einem Complex von Baracken, gegenüber, welcher das ganze Lager beherrscht. Auf dem rechten Ufer des Cheneu liegen die Zeltlager einer Infanterie-Brigade, der Artillerie, des Train des equipages, die Gebäude der Intendance mit den Magazinen, Feldbäckereien etc., auch ein Hospital, das Hôpital infirmerie, — das einzige massive Gebäude im ganzen Lager —. Durch das ganze Lager führt eine Eisenbahn, die sich vom Bahnhof in Mourmelon-le-Petit abzweigt; dieselbe wird als Pferde-Eisenbahn benutzt.

Truppenstärke des Lagers.

Das Lager war im vorigen Jahre, wie in den vorhergehenden von 4 Divisionen mit den nöthigen Artillerie-Genie- und Administrationstruppen bezogen. Es waren folgende Truppen im Lager:

1te Infanterie-Division.

2te Bataillon Chasseurs
21te Linien Regiment
27te Linien Regiment
} auf dem linken Ufer des Cheneu.

2te Brigade.

34te Infanterie Regiment
38te Infanterie Regiment
} auf dem rechten Ufer des Cheneu.

2te Infanterie-Division.

5te Bataillon Chasseurs
12te Infanterie Regiment
40te Infanterie Regiment
47te Infanterie Regiment
57te Infanterie Regiment
} Im Barackenlager auf dem linken Ufer des Cheneu.

3te Infanterie-Division.

17te Bataillon Chasseurs
68te Infanterie Regiment
76te Infanterie Regiment
78te Infanterie Regiment
86te Infanterie Regiment
1 Bataillon Turcos
} Im Zeltlager auf dem linken Ufer des Cheneu.

Cavallerie-Division.

1te Lanciers Regiment
4te Lanciers Regiment
4te Dragoner Regiment
9te Dragoner Regiment
1te Escd. vom 8. Chass. à Cheval
2 Escadrons Spahis
} Zeltlager auf dem linken Ufer des Cheneu.

Artillerie. Genie.
3 Regimenter. 2 Compagnien.
Administration. Intendance.
} Zelte und Baracke auf dem rechten Ufer des Cheneu.

Die gesammte Truppenstärke betrug 26,500 Mann mit circa 3000 Pferden.

Die Concentrirung der Truppen war am 1. Juni vollständig; am 1. September begannen die Abmärsche, so dass die Dauer des Lagers gerade drei Monate betrug.

Unterbringung der Truppen.

Die Truppen sind auf zwei verschiedene Arten untergebracht, in Zelten und Baracken.

Die grösste Zahl der Truppen, zwei Infanterie-Divisionen, die Kavallerie-Division, die gesammte Artillerie lag unter Zelten. Diese Zelte waren verschiedener Art, theils waren es conische, theils trapezförmige, letztere Form hatten jedoch nur das 34. und 38. Linien-Regiment.

Die conischen Zelte aus einem dichten Drillich ruhen in der Mitte auf einer starken Stange, die in die Erde eingegraben ist, in der Höhe von 3 Mètres 50 Centimètres, und das ganze Zelt trägt. Oben ist eine Laterne von 20 Centimètres Höhe aufgesetzt, welche besonders zur Ventilation dient. Der Durchmesser des Kreises, in dessen Mittelpunkt die Zeltstange steht, betrug 6 Mètres. Die Befestigung des Zeltmantels war durch Stricke vermittelt, die ausserhalb desselben herabliefen. Früher hatte man ein anderes System, bei dem auch Stricke im Innern des Zeltes sich befanden. Der Baron *Larrey* erwähnt in seinem Rapport von 1857, dass hierdurch das Wasser in die Zelte geleitet würde. Es sind seitdem sämmtliche Stricke auf die Aussenseite verlegt worden und hier an Pfählen angeschlungen, welche in einem den untern Saum des Zeltmantels aufnehmenden Wall eingegraben waren. Um diesen Wall herum lief noch zur Aufnahme des Regenwassers ein Graben.

Um den Graben herum abgeschritten betrug der Umfang des ganzen Raumes, auf dem das Zelt stand, 30 Schritt.

Diese Zelte waren bestimmt zur Aufnahme von 8 Mann Kavallerie mit ihrem Sattelzeuge oder 10—12 Mann Infanterie. Die Artillerie wurde, je nachdem sie beritten war oder nicht, als Kavallerie oder Infanterie gerechnet.

Die Zelte hatten zwei viereckige Thüren, von denen je nach der Windrichtung die eine oder die andere geschlossen war und die sich gegenüber lagen. Sollte eine dieser Thüren geöffnet bleiben, so musste dieselbe entweder mit zwei Stocken gestützt oder zurückgebunden werden.

Zur Unterbringung der Effecten hatten diese conischen Zelte im Innern zwei kreisförmige Börte, an denen Schlingen angebracht waren, in die Effecten hineingehangen werden konnten.

Die trapezförmigen Zelte, mit ihrem militairischen Namen *bonnets de police* genannt, (nach dem alten Modell von 1835) wurden von zwei Stangen getragen, von denen jede 2 Mètres hoch war; dabei hat das Zelt 6 Mètres Länge, 4 Mètres Breite. Eine oben herübergehende Stange bildete den First. Das Zeug war dasselbe, wie bei den conischen Zelten. Sie waren ebenso wie die conischen Zelte mit einem Wall und einem Graben umzogen; der elliptische Umfang des Zeltes ausserhalb betrug 26 Schritt. Auf den gegenüber liegenden Seiten waren Thüren, wie bei den conischen Zelten, die, wenn sie offen bleiben sollten, mit Stöcken zu Markisen gemacht wurden. Diese Zelte nehmen jetzt zwölf Mann Infanterie auf.

Ursprünglich sind diese Zelte für sechzehn Mann bestimmt worden, in Folge der directen Intervention des *Médecin inspecteur* Baron *Larrey* bei dem Kaiser *Napoleon III.* ist die Zahl der Leute auf 11, 12 oder 13 Mann Infanterie und 8—10 Mann Kavallerie herabgesetzt worden.

Die Effecten wurden auf einem Brett, welches zwischen den beiden Stützen paralell den First entlang lief, untergebracht.

Die Lagerung in den Zelten anlangend, so hatten die Leute ein höchst einfaches Lager, bestehend aus einer untergelegten Strohdecke, darauf ein Strohsack, ein Kopfpolster, ein mehrfach zusammengelegtes Betttuch und zwei wollene Decken. Die Leute erklärten sich mit der Lagerung sehr zufrieden. Das Stroh der Strohsäcke wird reglementsmassig alle 14 Tage erneuert. Bettstellen existirten für die unter Zelten campirenden Leute nicht. Die Officiere hatten dieselben aus einer Möbelhandlung in Mourmelon-le-Grand gemiethet, überhaupt mussten dieselben für das Meublement in ihren Zelten selbst sorgen.

Die Form der Lagerung in den Zelten anlangend, so war allgemein in den conischen Zelten eine einfach radiäre Lagerung, die Füsse dem Centrum zugekehrt, angenommen, während in den

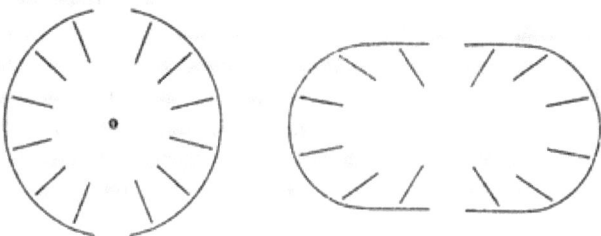

trapezförmigen Zelten bei derselben Methode, die Leute nach den Enden zu sehr gedrängt lagen, indem es gegenüber den Thüren an Platz fehlte.

Ueber die Einrichtung, sowie die Lagerung in den als Infirmerie dienenden Zelten werde ich bei den Sanitäts-Anstalten noch besonders sprechen.

Was nun den Werth dieser beiden verschiedenen Zeltarten anlangt, so war man darüber im Lager einig, dass das conische Zelt durchaus dem trapezförmigen vorzuziehen sei; das erstere war fast das allgemein gebräuchliche. Es sind mehrere Gesichtspunkte, aus denen dieser Vorzug des conischen Zeltes vor dem trapezförmigen hervorgeht. Das conische Zelt ist unter allen Umständen solider, es bietet dem Winde weniger Fläche dar, als das trapezförmige und wird daher bei heftigen Stürmen weniger leicht umgeworfen. Ferner ist es von grosser Wichtigkeit, dass das conische Zelt weniger Näthe hat, als das trapezförmige; es ist daher viel dichter und lässt keinen Regen durch. In den grossen Regengüssen des August mussten sich beim 34. Regiment, wie ich selbst gesehen habe, oft die Bewohner der trapezförmigen Zelte durch übergehängte Strohdecken gegen das eindringende Wasser schützen. Die vorhin erwähnte Schwierigkeit die Leute zu lagern ist auch kein geringer Nachtheil der trapezförmigen Zelte, überhaupt bieten dieselben viel weniger Platz als die conischen Zelte. In Betreff der Ventilation mögen wieder die trapezförmigen Zelte, ihrer grösseren Thüren wegen, den Vorzug verdienen, jedoch fehlt ihnen die Laterne der conischen Zelte. Ueberhaupt müssen die Zelte auch gelüftet werden, namentlich nach Nächten, in denen das Zelt nass geworden ist. Ich habe mehrfach bemerkt, dass sich am Morgen in solchen durchnässten Zelten eine schlechte Luft fand, und bin von der Wahrheit der Bemerkung des Baron *Larrey*, dass sich ein schlecht gelüftetes Zelt inficire wie ein festes Wohngebäude, vollkommen überzeugt. Ein gleichzeitiges Oeffnen beider Zeltthüren schafft natürlich schnell die nöthige frische Luft und zwar bedürfen die conischen Zelte der Ventilation mehr als die trapezförmigen.

Ich finde in dem Rapport des *Médecin principal Perier* vom Jahre 1858 eine Eigenthümlichkeit erwähnt, der ich auch begegnet bin. Die Soldaten suchen sich nämlich dadurch, dass sie den Fussboden ausgraben, das Zelt höher zu machen. Besonders fordern hierzu die conischen Zelte auf, die den Uebelstand haben, dass man schon zwei Schritte von dem Mittelpfeiler nicht mehr aufrecht stehen kann.

Auch die trapezförmigen Zelte sah ich auf solche Weise vertieft; diese sogar in solchem Grade, dass man die beiden Stützen des Zeltes hatte auf Steine stellen müssen, um dem Zelte die vorschriftsmässige Höhe zu geben. *Perier* spricht sich gegen diese Methode sehr entschieden aus, weil sie sowohl die Ventilation wie das Ausfegen erschwerte, ferner bei grossen Regengüssen die sofortige Ausleerung des hereingeflossenen Wassers verhinderte. Namentlich letztern Vorwurf habe ich auch begründet gefunden; nach dem sehr heftigen Regen in der Nacht vom 25. zum 26. August v. J. war das Wasser in mehrere solche Zelte beim 34. und 38. Regiment hineingeflossen und der Fussboden am andern Vormittag vollständig feucht. Ich glaube aber, dass sich diesem Uebelstande durch die Verlängerung des Grabens vor dem Zeltwalle nach beiden Seiten neben der Schwelle hin abhelfen lässt, wenigstens waren die Zelte der Officiere des 9. Dragoner-Regiments, die fast sämmtlich so vertieft waren, das zwei Stufen herunter führten, durch eine solche Verlängerung der Gräben trocken erhalten worden. Ich möchte aber auch bei einer Abhülfe nicht der Aushöhlung der Zelte das Wort reden, da dieselben nach dem Gesetz der communicirenden Röhren vielmehr der Feuchtigkeit ausgesetzt sind.

Der *Médecin en Chef* des Lagers von Châlons *Dr. Colmant*, *Méd. princ. 1. Classe*, der mir mit der grössten Freundlichkeit immer Auskunft auf meine Fragen ertheilte, sprach sich nach seinen Erfahrungen in der Krim und als Chefarzt der Expedition nach Syrien auf das Entschiedenste gegen andere Zelte als einfache conische für die Leute aus; doppelte Zelte d. h. zwei Zelte über einander gespannt, wollte er nur da concedirt wissen, wo nicht leicht eine Luftverderbniss zu befürchten sei. Im Lager befanden sich auch doppelte Zelte nur immer da, wo dieselben nur einen Bewohner, Officiere oder Aerzte hatten, während die Leute jederzeit in einfachen Zelten lagen. Dagegen rühmte Herr *Dr. Colmant* die

Zelte, die aus zwei aufeinander genähten Lagen bestanden; er sagte mir, dass diese Zelte eine leichte Ventilation wie grosse Schutzkraft mit einander verbänden. Solche Zelte sind bei den Türken im Gebrauch, daher der Name *tente turque*.

Die Stellung des Zelt-Lagers betreffend, so war die Anlage desselben so gemacht, dass jede Compagnie in der Regel zwei Reihen Zelte etablirte, die rechtwinklig gegen die Frontlinie liefen. Die Officier-Zelte lagen von der Frontlinie am meisten rückwärts; dann folgte der Lagerweg. Jenseits desselben lagen die als Baracken aufgeführten Cantinen für Officiere und Unterofficiere — hinter diesen lagen die Brunnen und die Latrinen; letztere etwa 30 — 40 Schritt von den letzten Gebäuden entfernt. —

Der Abstand der einzelnen Zelte von einander soll nach dem Reglement 2 Mètres betragen. Ich kann jedoch versichern, dass dieser Abstand meist nicht eingehalten war; ich glaube, dass die meisten Zelte einer Compagnie nur höchstens 1 Mètre von einander entfernt waren; es war wenigstens schwierig zwischen den Zelten zu passiren.

Die Compagnien waren von einander durch mindestens zwei Schritt breite Gassen getrennt; die Bataillone durch Gassen von 24 Schritt.

Der Baron *Larrey* hat in seinem Rapport von 1857 dringend die Einhaltung dieser Distanz gefordert, da etwanige Deplacirungen von Zelten auf dem für sie bestimmten Platze hierdurch ermöglicht werden. Derselbe fordert in dem damaligen Rapport 6 — 8 Mètres Abstand zwischen den einzelnen Zelten und 20 Mètres zwischen zwei Reihen.

Die Reinigung der Zelte anlangend, so wurden dieselben täglich ausgefegt und mit Sand gestreut. Das Stroh der Strohsäcke habe ich oft lüften sehen, dasselbe wurde übrigens alle 14 Tage durch frisches ersetzt. Ein grosser Nachtheil, in Betreff der inneren Ordnung der Zelte, ist die Mitunterbringung des Sattelzeuges der Kavallerie in denselben. Der Baron *Larrey* hat bereits in seinem so gründlichen Bericht von 1857 auf diesen Uebelstand aufmerksam gemacht und auf Entfernung dieses Ballastes gedrungen. Er hat vorgeschlagen, das Sattelzeug so unterzubringen, wie die Waffen der Infanterie auf besondern Waffenplätzen in der Front placirt sind. Wie der *Méd. principal Perier* in seinem Bericht über 1858 angiebt, haben jedoch die Versuche, die man anstellte gezeigt, das eine grosse Confusion herbeigeführt wurde, wenn man das Sattelzeug in einem Zelte vereinigte, da die Leute zu gleicher Zeit ihre Sättel haben wollten. Es ist seitdem so geblieben, dass das Sattelzeug in den Zelten sich befindet. Wenn auch aus diesem Grunde nur 8 Kavalleristen auf ein conisches Zelt gerechnet waren, so habe ich doch den Raum immer sehr beengt gefunden. Der Pferdegeruch, den dies Lederzeug verbreitet, ist in den Zelten weniger bemerklich; insalubre Einflüsse dürften demselben auch wohl nicht zugeschrieben werden können.

Baracken. Die Barracken dienen zu sehr verschiedenen Zwecken. Einmal war in denselben eine ganze Infanterie-Division untergebracht, ferner bestanden alle festen Etablissements, die zum Zweck der Gesundheitspflege und Verwaltung construirt waren, ebenfalls in Baracken.

Betrachten wir zunächst die Baracken als Wohnungen.

Die Baracken für die Unterbringung der Truppen, 1858 und 1859 erbaut, sind von Fachwerkbau und mit Schiefer gedeckt. Die Länge derselben beträgt 27 Mètres, die Höhe 4 Mètres, die Breite 6 Mètres, nach dem reglementsmässigen Raum, der in Frankreich auf jeden Soldaten berechnet ist, kommen für den Belag einer Kaserne 12 Mètres en cube auf den Infanteristen; diese Berechnung ist der Anlegung der Baracken zu Grunde gelegt; jede Baracke hatte einen langen Saal, in dem 50 Mann untergebracht waren. Am Ende jeder Baracke war noch ein kleiner abgegrenzter Raum mit einer Thür und zwei Fenstern, in dem entweder 2 oder 6 Unterofficiere untergebracht waren, (2 im Falle sie schriftliche Arbeiten zu machen hatten). Je zwölf Baracken enthielten immer ein Bataillon.

Die Thür der Baracke lag an einer der langen Seiten; ziemlich hoch etwa in Manneshöhe liegen die Fenster, sieben auf einer Seite, sechs auf der andern, da hier an Stelle eines Fensters die Thür tritt.

Eine besondere Ventilation ausgenommen die natürliche durch Thüre und Fenster existirte in den als Kasernen benutzten Baracken nicht. Ich habe die Luft in denselben bei meinen mehrfachen Besuchen immer recht rein gefunden.

Die Lagerung in den Baracken war derart, dass zwei Reihen Betten, den Mittelgang und die Thür frei lassend, auf den gedielten Fussboden gelegt waren. Diese Betten waren ganz die der Zelte und bestanden aus einer Strohdecke, einem Strohsack, einem Kopfpolster, einem mehrfach zusammengelegten Betttuch und einer wollenen Decke. Bei einzelnen Truppentheilen, z. B. beim 5. Jäger-Bataillon, sah ich auch Bettstellen, jedoch nur in geringer Anzahl, es waren dies eiserne Kasernen-Bettstellen.

Immer je zwei Baracken standen einander genähert und zwar

in der Weise, dass die Entfernung von 20 resp. 10 Mètres zwischen den Baracken abwechselte.

Im Ganzen standen die Baracken für ein Bataillon in folgender Weise:

```
         |10 M.|  20 M.  |10 M.|  20 M.  |10 M.|  Baracken.

         |     |         |     |         |     |  Baracken.


                          Lagerweg.
                          ─────────
                          Eisenbahn.
                          ─────────

Salle de police. ─────         ─────         ─────  Corps de garde.
                                                    Küche. Unteroff. Cantinen.

Officier- ─────                                ─────  Wohnungen.

Officier- ─────                                ─────  Messen.


            Latrine der  [  ]  Offiziere.

            Latrine der  [  ]  Leute.
```

12 Baracken in den angegebenen Abständen in zwei Reihen senkrecht zur Frontlinie.

Hierauf der Lagerweg und die Eisenbahn.

Dann die Corps de garde und Salle de police, die Küche, die Unterofficier-Cantinen parallel der Frontlinie.

Die Wohnungen der Officiere.

Die Messe der Officiere.

Die Latrinen.

In Betreff der Wohnungen der Officiere ist zu bemerken, dass die Ober-Officiere zwei, die Subaltern-Officiere dagegen ein Zimmer hatten. Dieselben mussten sich die Officiere wie auch die Zelte auf ihre Kosten meubliren.

Was die Einrichtungen der Baracken zu Hospitalzwecken betrifft, so werde ich darüber bei den Sanitäts-Anstalten des Lagers genauer sprechen.

Latrinen. Die Abgänge einer so bedeutenden Truppenmasse müssen im Lager um so sorgfältiger beseitigt werden, als die grosse Menge von Brunnenwasser, die auf der ganzen Linie verbraucht wird, leicht durch die Fäcalmaterie einen üblen Einfluss erfahren kann. Ein weiterer wichtiger Gesichtspunkt ist der, dass bei verschiedenen Windrichtungen leicht mephitische Ausdünstungen der Latrinen dem Lager zugetrieben werden und die Luft verpesten können.

Man hat bei der Einrichtung der Latrinen im Lager von Châlons den einen wie den andern Nachtheil sehr glücklich vermieden. Es ist nämlich das System der mobilen Latrinen (*Fosses mobiles*) adoptirt worden. Dasselbe besteht wesentlich darin, dass man die Latrinen erhaben gebaut hat; drei Stufen führen in die Höhe. In einem asphaltirten Fussboden befinden sich Löcher, unter diesen Löchern stehen Fässer. Die Rückwand der Latrine besitzt gutschliessende Thüren, durch welche man zu diesen Fässern gelangt. Jeden Tag werden nun diese Fässer von einer Fabrik, die die Excremente gepachtet hat, abgeholt und durch neue Fässer ersetzt. Dadurch wird die Anwesenheit faulender Excremente unmöglich gemacht. Man bedient sich aber ausserdem eines Desinfections-Verfahrens der Fässer mit schwefelsaurem Eisen, über dessen Art und Weise ich jedoch nichts Genaueres anzugeben weiss, da der Erfinder auf dasselbe ein Patent genommen hat. Es scheint demnach mehr als ein blosses Einstreuen zu geschehen. Bei den Officier-Latrinen, die einzeln verschlossen sind, hat immer je ein Gemach eine Oeffnung; für die Leute waren jedoch mehrere solcher Oeffnungen in einem gemeinsamen Raume. Die Latrinen der Unterofficiere, unter einander getrennt, lagen neben denen der Leute.

Die Latrinen waren 50 Mètres von den Wohnungen entfernt. Man hatte dieselben der vorzüglich herrschenden Südwinde wegen auf die Nordseite der Wohnungen gelegt. Immer zwei grosse Latrinen kamen auf ein Regiment Infanterie.

Ich bin versichert worden, dass bei dieser Einrichtung weder üble Gerüche noch sonstige Inconvenienzen von Seiten der Latrinen bemerkt würden. In der unmittelbaren Nähe der Latrinen war jedoch dadurch häufig ein übler Geruch bemerklich, dass vielfach neben der Oeffnung Excremente lagen, die eine grosse Schmutzerei bereiteten. Dieselbe wurde dadurch vermindert, dass täglich die Asphaltböden mit Wasser gereinigt wurden. Neben der für die ganze Salubrität des Lagers so günstigen Einrichtung der Latrinen kann dies wohl als ein kleiner Nachtheil bezeichnet werden.

Es dürfte sich hier anschliessend an das allgemeine Verhältniss gleich ein anderer Gegenstand besprechen lassen.

In der Mitte des Lagers, nicht weit vom Hôpital du centre liegt das Prison centrale. Die Bestrafung in diesem bildet die dritte Strafart, die in der französischen Armee üblich ist, da der französische Soldat Stubenarrest, Salle de police, oder wirklich Prison erhalten kann.

Das Prison centrale vermochte im Ganzen 69 Arrestanten aufzunehmen. Drei Säle zu 16 resp. 14 Mann bildeten den Raum für eine leichtere Bestrafung, 9 Zellen dagegen, jede 12 Fuss lang, 3 Fuss breit, 9 Fuss hoch, dunkel, mit Gitterfenstern, feuchtem ungepflastertem Fussboden bildeten die Straflocale für schwerere Delinquenten. Die Latrinen bestanden in Eimern, die in den Sälen standen und täglich zweimal ausgegossen wurden, dieselben rochen bei unvollkommenem Deckelverschluss ganz bedeutend. Der Geruch fiel um so mehr auf, als die Fenster klein waren, (eine andere Ventilation existirte nicht) und das Tabakrauchen verboten. Die Eimer für die einzelnen Zellen hatten einen besseren und festeren Verschluss mit übergreifendem Rande, in den sich der Eimerrand einsenkte. Für die Nacht erhielt der Soldat eine Decke.

Kleidung der Soldaten.

Die Kleidung der französischen Soldaten ist in den einzelnen Truppentheilen ausserordentlich verschieden, es fehlt jener durchgehende Typus der Uniform, wie er sich in der preussischen Armee findet.

Zunächst zeigt sich eine ausserordentliche Verschiedenheit in den Kopfbedeckungen. Am meisten verbreitet sind die Czakos aus schwarz lackirtem Leder, wie dieselben von der ganzen Infanterie, der Artillerie, den Jägern und dem Train getragen werden. Diese Kopfbedeckung dürfte eine leichte und bequeme genannt werden können, jedoch entbehrt dieser Czako ganz eines Nackenschirmes, auch die Augen werden durch den nach oben gerichteten Schirm nicht ordentlich geschützt. Die Czapkas der Ulanen fand ich im Allgemeinen mit den unsrigen übereinstimmend, sie sind eher noch leichter als die unsrigen, dagegen waren die Helme der Dragoner im Gewicht zwischen 5 und 6 Pfund sehr schwer; zugleich fehlte es gänzlich an einem Luftloch. Es mag an dieser Kopfbedeckung liegen, dass so ausserordentlich viele Officiere der Dragoner-Regimenter vollständig kahl waren. Die enorm schweren Helme des Genies von 18 Pfund Gewicht habe ich im Lager nie gesehen, es wurden dort keine unterirdischen Erdarbeiten ausgeführt. Als besonders unzweckmässig sind mir auch die Bärenmützen erschienen, die bei ihrer Höhe zwar verhältnissmässig leicht sind, aber doch immer bei jedem Winde höchst unbequem werden. Die Spahis und Turcos tragen die Chechia, eine eigenthümliche Art Turban, die sehr warm ist. Ihr Gebrauch erklärt sich durch das heisse Klima in Afrika, dem Vaterlande dieser Truppen. Ausserdem ist die Eigenthümlichkeit, dass die vordere Hälfte der Köpfe kahl geschoren ist, für diese Tracht von Wichtigkeit.

Die Röcke anlangend, so trägt die ganze französische Infanterie jetzt die Tunique, eigentlich eine Schoossjacke mit einer Reihe Knöpfe, die mir nicht ganz practisch erschienen ist, da dieselbe den Leib zu wenig bedeckt. Sonst ist diese Tunique bequem. Die Dragoner, Ulanen, Artillerie und Genie im Lager trugen die Collets mit kurzem Schooss, eine nach dem Urtheil der Leute unbequeme Tracht, die den Leib vollständig frei lässt. Dasselbe gilt auch von den Jacken der Turcos.

Die Beinkleider waren von starkem Tuch. Die Art dieselben zu tragen, wie dieselbe jetzt bei der Infanterie und den Jägern eingeführt ist, erschien mir durchaus unzweckmässig; die übermässig weite Hose ist über dem obern Theil der Wade zusammengeknöpft, und wird durch eine breite Manschette von braunem Leder, die mit drei Schnallen zusammengeschnallt ist, festgehalten. Ueber diese Manschetten — *jambières* — habe ich von allen Soldaten klagen hören; sie geben an, dass dieselben, wenn sie festsitzen sollen, ausserordentlich stark zusammengezogen werden müssen, wodurch Anschwellen der Füsse herbeigeführt wird; ferner, dass dieselben, wenn sie nass werden, sich ganz so zusammenziehen, wie ein enger Stiefel und dann sehr drücken. Von den französischen Militair-Aerzten habe ich ebenfalls nur ungünstige Urtheile über die *Jambières* gehört, es wurde mir gesagt, dass dieselben durch den Druck sowohl Fussgeschwüre wie Krampfadern ausserordentlich begünstigten; ich muss auch sagen, dass ich bei meinen Besuchen in den französischen Militair-Lazarethen vielfach sehr bedeutende Krampfadern gesehen habe, die sehr wohl das Resultat dieser *Jambières* sein können. — Alle Soldaten haben nur Tuchbeinkleider, die leinenen Beinkleider sind abgeschafft, nur bei der Cavallerie werden sie noch für den Stalldienst getragen.

Alle Truppen im Lager von Châlons hatten wollene Leibbinden, dieselben sind für das Lager speciell bewilligt worden; sonst haben dieselben nur etatsmässig die Truppen mit orientalischer Tracht — Zuaven und Turcos.

Als Fussbekleidung tragen alle Fuss-Truppen Schuhe und Kamaschen. Die Kamaschen sind entweder von weisser Leinwand oder für schlechtes Wetter von schwarzem Leder, dieselben werden zugeknöpft. Die Soldaten geben an, dass diese Fussbekleidung sehr bequem sei. Die Cavallerie trägt vollständige Stiefeln. Eigenthümlich ist der französischen Armee, dass die Soldaten weder

Strümpfe noch Fusslappen tragen. Trotz dieses Umstandes stellten die Aerzte in Abrede, dass sich viel Fusskranke finden, wie ich dies erwartete.

Um den Hals werden keine Binden, sondern nur blaue leicht umgeschlungene Tücher getragen, welche den Hals durchaus nicht zusammendrücken; alle Kragen sind ausgeschnitten; die afrikanischen Truppen tragen den Hals ganz frei.

Sehr zweckmässig erschienen mir die grossen Tuch-Capotmäntel der französischen Infanterie, mit welchen die Leute bei schlechtem Wetter den Postendienst thaten. Die Jäger und die Turcos hatten eine eigenthümliche Art Radmäntel, die jedoch die Bewegungen der Arme geniren sollen, auch nicht so warm sein konnten wie die Capotmäntel.

Die Cavallerie hatte Mäntel von hellgrauem starkem Tuch, wie unsere Officiermäntel gemacht, die sehr practisch sein sollen. Sie bedeckten den Soldaten vollständig.

Die Spahis tragen den afrikanischen weiten Bournous, der den an das kältere Klima nicht gewöhnten Afrikanern sehr zu statten kam.

Das Gepäck der Infanterie, dieser so wichtige Theil zur Ausrüstung des Soldaten, bestand in einem Tornister, ähnlich dem unsrigen, welcher auch in derselben Weise getragen wurde. Das Gewicht eines gepackten Tornisters betrug für den Füsilier nach dem Reglement für die Märsche im Innern 18 Kilogrammes 438 Grammes; für den Grenadier 21 Kilogrammes 312 Grammes; für den Soldaten vom Genie 24 Kilogrammes 700 Grammes; incl. der Waffen steigert sich das ganze Gepäck eines französischen Infanteristen auf 24 Kilogrammes 179 Grammes, wozu im Kriegsfalle noch Lebensmittel für 2 Tage so wie eine wollene Decke hinzutreten, so dass dann die ganze Belastung des Soldaten mehr als 30 Kilogrammes oder 60 Pfund beträgt. Der Mantel wird gerollt auf dem Tornister getragen. Ich habe während meines Aufenthalts im Lager ein Manöver mit vollständig gepacktem Tornister nicht gesehen; es traten damals die Utensilien für Schutzzelte (Tentes d'abri) noch zu dem übrigen Gepäck hinzu.

Reinlichkeit der Truppen.

An jedem Morgen mussten sich die Soldaten in besonderen Kübeln waschen, die zu diesem Zweck in die Baracken oder Zelte gebracht wurden. Besondere Wasch-Baracken oder Zelte wie *Perier* diese verlangt hat, existirten nicht, ebenso wenig die vom Baron *Larrey* gewünschten Teiche zu Bädern. Täglich wurden jedoch

20 Mann (5 Officiere und 15 Mann) nach dem Hôpital du centre geführt, wo dieselben warme Bäder erhielten. Auffallend war mir bei den französischen Soldaten eine grosse Unsauberkeit der Zähne, trotzdem officiell jeder Soldat eine Zahnbürste hat; gewiss liegt hier der Unterschied von unsern Truppen auch in dem andern Brode, welches die französischen Soldaten erhalten. Bei unsern Truppen wirkt dass Commisbrod als Zahnbürste.

Verpflegung der Soldaten.

Die Soldaten erhielten im Lager täglich 250 bis 300 Grammes Fleisch ($1/2 - 3/5$ Pfd.) roh; ferner circa 250 Grammes Reis und Gemüse. Beides, Fleisch wie Gemüse, war von vortrefflicher Beschaffenheit. Die Gemüse waren nur frisch, comprimirte Gemüse wurden nicht verwendet, wiewohl die guten Resultate, welche die Versuche beim 9. Regiment Chasseurs à cheval im Jahre 1858 ergeben haben, wohl zur Wiederholung aufgefordert hätten. Die Eintheilung der Mahlzeiten (repas) war so, dass die Soldaten zweimal täglich warm assen; die Zeit des Essens richtete sich wesentlich nach dem Dienste. Wenn dieser es nicht unmöglich machte, nahmen die Soldaten die erste Mahlzeit um 10 Uhr, die zweite um 5 Uhr Nachmittags. Das Fleisch wurde mit dem Gemüse zusammengekocht zur Soupe, so dass der Soldat zweimal täglich Fleisch und Gemüse erhielt, ich habe mich oft von der vortrefflichen Qualität wie Zubereitung überzeugen können. Das Gemüse bestand in Reis, Bohnen, Erbsen, Mohrrüben, mit Vorliebe Zwiebeln zugesetzt. Auch das Brod war sehr gut und weiss; jeder Mann bekommt davon 750 Grammes ($1 1/2$ Pfd.) pro Tag, es wurde alle zwei Tage vertheilt. Des Morgens erhielt jeder Soldat 16 Grammes Kaffee und 21 Grammes Zucker, wovon ein recht schmackhafter Kaffee bereitet wurde, des Nachmittags konnte der Soldat Kaffee für sein Geld erhalten, erlitt dann einen Abzug von 2 Centimes per Tag. Wein erhielten die Soldaten nur ausnahmsweise an den Tagen der grossen Manöver, dann bekam jeder Soldat ein viertel Litre. Täglich erhielt dagegen jeder Soldat Branntwein und zwar wurden für 12 Mann täglich $3/4$ Litres verabreicht, ungefähr $1/15$ Litre für den einzelnen Mann. Die Zubereitung der Speisen fand in besonderen Küchen statt, welche als Baracken aufgeschlagen waren. Man hat für die gute Qualität der Nahrungsmittel alle mögliche Sorge getragen. Alle Nahrungsmittel kommen von Seiten der Intendance zu den Truppen; nur aus der Manutentation der Intendance gekommene Nahrungsmittel dürfen von den Cantinen (deren 2 für das Infanterie-Regiment existirten) verabreicht werden.

Daher war auch allen Colporteuren, Hausirern etc. der Handel mit Nahrungsmitteln, Liqueuren etc. absolut verboten und die Gensdarmerie sorgte für die Aufrechterhaltung dieser Maasregel mit der bei dieser Waffe in Frankreich bekannten Strenge.

Der Tabak wurde den Soldaten officiell hier geliefert, wie es überhaupt in der französischen Armee eingeführt ist. Der Soldat erhält danach von den Cantinen das Kilogramm (2 Pfund) für 1 Frank 60 Centimes (12 Sgr.); auf den Tag werden 10 Grammes gerechnet.

Besondere mit dem Lager zusammenhängende Einrichtungen.

Das Dorf Mourmelon-le-Grand bietet dem Soldaten durch die Sorge der Regierung mehrfache geistige und körperliche Genüsse. Dort ist das Theater, in dem eine vom Kaiser mit 30,000 Fr. besoldete Schauspieler-Truppe abendlich spielt. Es wird jedesmal 1500 Soldaten einer Division der Eintritt gestattet; so dass dieselbe Division immer alle 5 Tage herankommt. Den Officieren steht dagegen der Besuch täglich frei. Waren die Leistungen der Schauspieler auch nicht besonders, so trug doch das Theater grade bei den so leicht empfänglichen Franzosen wesentlich zur Aufrechterhaltung eines guten Humors bei, und bot an den Abenden, wo schlechtes Wetter war, eine recht angenehme Unterhaltung.

Im Dorf Mourmelon-le-Grand befinden sich auch die officiell für das Lager eingerichteten Bordelle, die ich indessen bei den Sanitäts-Verhältnissen näher besprechen möchte.

Beschäftigung der Truppen. Zeiteintheilung.

Während meines Aufenthalts im Lager von Châlons (17. August bis 3. September) war die wesentliche Eintheilung des Dienstes in folgender Weise gemacht:

Sonntag Messe, Montag grosses Manöver, Dienstag Divisionsmanöver, Mittwoch Brigademanöver, Donnerstag war frei für den innern Dienst der Truppen, Freitag grosses Manöver, Sonnabend Divisionsmanöver. Diese Eintheilung bestand jedoch nur während der Anwesenheit des Kaisers. Vorher wurde an einzelnen Tagen nach der Scheibe geschossen. Die Manöver fanden an den sehr heissen Tagen Anfang August schon Morgens 4 Uhr statt, so dass der Dienst Morgens 7 Uhr schon beendet war, in der 2. Hälfte August bei Anwesenheit des Kaisers dagegen erst um 9 oder 10 Uhr Vormittags.

Die Reveille wurde des Morgens 4 Uhr, die Retraite Abends ½9 Uhr durch einen Kanonenschuss und die demselben folgenden Signale gegeben.

Sanitäts-Anstalten im Lager.

Als das Lager bei Châlons im Jahre 1857 errichtet wurde, hatte man zuerst die gesammte Truppenmasse in Zelten untergebracht; es fehlte damals noch an Baracken zu Lazarethen. Es wurden deshalb im Jahre 1857 und 1858 noch die schwer Kranken, soweit sie transportabel, in das Lazareth zu Châlons geschafft, welches 650 Betten enthielt, um von dort aus, wenn nöthig, weiter evacuirt zu werden. Der Transport nach Châlons fand im Jahre 1857 nach dem Rapport des Baron *Larrey* in Trainfuhrwerken und Krankenwagen statt; im Jahre 1858 bestand jedoch bereits die Eisenbahn von Mourmelon-le-Petit nach Châlons und es wurden die Kranken in Eisenbahnwaggons, je nach ihrem Zustande, sitzend oder auf Matratzen liegend transportirt. Eine telegraphische Depesche gab die Zahl der Kranken dem Hospital an, welche der Zug unter Ueberwachung eines Infirmier major und eines Infirmier brachte, worauf die nöthige Zahl von Krankenwagen auf den Bahnhof geschickt wurde, um die Kranken abzuholen.

Dieser ganze schwierige Transport, der für die Kranken mindestens im höchsten Grade unangenehm sein musste, fällt seit dem Jahre 1860 weg, wo verschiedene grössere Hospital-Einrichtungen an Stelle der früher allein bestehenden Regiments- und Divisions-Infirmerien getreten sind.

Es waren jetzt folgende Sanitäts-Anstalten im Lager eingerichtet:

1. Das Hôpital du centre, ein Complex von Baracken auf dem äussersten linken Flügel des Barackenlagers, (2. Infanterie-Division). Auf dem beiliegenden Plane ist das Hôpital mit I bezeichnet. Dasselbe umfasst 16 Baracken, in denen früher ein Bataillon untergebracht war. Da jede Baracke für 25 Kranke bestimmt ist, so repräsentirt dasselbe den Raum für 400 Kranke.

Das Hôpital du centre ist in jeder Beziehung der Centralpunkt für den ganzen Sanitätsdienst des Lagers. Hier wohnt der Médecin en chef, der Pharmacien en chef des Lagers, hier stehen die Voitures d'ambulance, die Caissons. Besonders in diesem Sommer war dasselbe als Hauptanstalt zu betrachten, da dasselbe das Gros aller Kranken enthielt, in den Nebenambulancen waren nur Venerische.

Die 16 Baracken, welche das Hôpital du centre bilden, stehen in 2 Reihen — à 8 Baracken — dann folgt der Lagerweg, und hierauf ganz im Genre des Barackenlagers 4 Linien horizontal laufender Barackenreihen. Die erste dieser Reihen enthält Küchen für die Kranken, eine Baracke für Bäder und die Pharmacie mit Tisanerie, die zweite die Wohnung der Aerzte und Pharmaceuten; die dritte die Mess- und Speiselocale für die Aerzte und das sonstige Personal, die vierte die Latrinen für die Beamten.

Alle zum Hôpital du centre gehörigen Gebäude sind mit einem Zaun umgeben, der Lagerweg welcher hier direct zur Cavallerie resp. 2. Infanterie-Division führt, durfte nicht benutzt werden und war gesperrt.

Die Infirmiers lagerten wie die andern Truppen unter Zelten und zwar waren für dieselben auf dem rechten Flügel der Hospital-Baracken innerhalb der Umzäumung 24 Zelte in drei Reihen aufgeschlagen.

Die Baracken für die Kranken sind vollständig dieselben Baulichkeiten, welche für die Unterbringung der Mannschaften benutzt werden, von denen sie sich auch äusserlich nur darin unterscheiden, dass an den Krankenbaracken Latrinen angebaut sind. Eine solche Baracke bei dem vorhin schon erwähnten Maasse von 27 m. Länge, 4 m. Höhe und 6 m. Breite war zur Unterbringung von 25 Kranken berechnet. Nach dem Reglement werden in Casernen 12 m. en cube Luft auf einen Infanteristen, 14 auf einen Kavalleristen gerechnet, dagegen in Lazarethen auf einen innerlich oder äusserlich Kranken 25 m. en cube und 22 auf einen Venerischen oder Krätzigen. Das Hôpital du centre enthielt nur innerlich und äusserlich Kranke.

Ventilation. Die Luft in diesen Baracken habe ich recht gut gefunden. Einmal war die breite Doppelthür, welche an einer Längsseite in die Baracke führt fast immer geöffnet, dasselbe war auch meist mit den 13 Fenstern der Fall, die wie überhaupt in den Baracken über Mannshöhe, einen Flügel gross, angebracht waren. Ausserdem waren noch unter jedem Fenster, etwa 1½ Fuss vom Boden entfernt, Luftlöcher angebracht, die quer durch die Balken der Baracke führten und mit Schiebern versehen waren.

Es war vielleicht auf diese Weise eher eine zu reichliche Ventilation herbeigeführt, doch wurde mir versichert, dass der nothwendiger Weise hierdurch entstehende Zug bisher keine übeln Folgen für die Kranken herbeigeführt habe. Ich muss gestehen, mit

Ausnahme des grossen Lazareths von Vincennes hier die Luft besser gefunden zu haben, als in irgend einem der von mir besuchten Militair-Hospitäler.

Die Lagerung der Kranken im Hôpital du centre anlangend, so hatten dieselben sehr einfache Betten. Zwei eiserne Böcke, von denen der erste zugleich ein Kopfbrett hatte, trugen eine Lage von Brettern, auf welcher das Bett lag. Das Bett bestand aus einer Matratze, deren Inhalt aus einer obern Lage Pferdehaare und einer unteren aus Wolle zusammengesetzt war, braun überzogen, wie überhaupt in den französischen Militair-Lazarethen, einem Kopfpolster und einer wollenen Decke. Die Matratze war sehr hoch, auch hatte der grösste Theil derselben keinen Seitenhalt, so dass nach Angabe der Aerzte die Kranken sehr oft dem Herausfallen ausgesetzt waren, zumal die Seiten dieser Matratzen abgerundet waren. Neben den Betten, links neben dem Kopfende stand immer ein kleiner Schrank mit einem Stuhl verbunden für die kleinen Effecten des Kranken. Die Aufstellung der Betten war entlang den Längsseiten der Baracke und zwar standen 12 Betten auf der Seite der Thüre, 13 an der gegenüberliegenden Seite. Der Abstand der einzelnen Betten von einander betrug die reglementsmässigen 65 Centimètres, die beiden Reihen waren gut 2 Mètres, die reglementsmässig verlangt werden, entfernt.

Die Kleidung der Kranken bestand in einer besondern Krankentracht. Dieselben hatten schwarzwollne Röcke und Beinkleider, leinene Socken, Pantoffeln, weisse Mütze, ein blaues Halstuch, dazu Flanellhemden, eine Einrichtung die mir als besonders practisch erschienen ist. Ueberhaupt war die Kleidung der Kranken warm und bequem. Die Wäsche der Kranken wurde alle 5 Tage gewechselt. Auch im Lager bestand die sehr empfehlenswerthe Einrichtung, dass die Kranken ihre sämmtlichen Kleidungsstücke ablieferten und dann die Wäsche bei ihrer Entlassung gereinigt wiedererhielten. Ich bemerke gleich hierbei, dass sämmtliche Wäsche in einer grossen Waschanstalt in Mourmelon-le-Petit mit Dampf gewaschen wurde.

Die Diaet der Kranken war die allgemeine der französischen Militairlazarethe, bei der trotz der allgemeinen Bezeichnung $1/4$, $1/2$, $3/4$ Portion doch eine viel genauere Bezeichnung der einzelnen gestatteten Speisen als bei uns stattfindet. Sehr häufig habe ich jedoch abweichend von den sonstigen französischen Militair-Lazarethen hier Chocolade verordnen sehen. Die Speisen in den Hospitälern waren ganz vortrefflich. Die Zeit der Mahlzeiten anlangend, so wurde auch hier das Dejeuner um 12 Uhr und das Dîner um 5 Uhr wie bei den Truppen eingenommen.

Die Latrinen waren, da ja die Localitäten des Hôpital du centre ursprünglich zum Kasernement von Truppen bestimmt waren, erst später angebaut, indem den Kranken die Benutzung der sonst durchschnittlich 50 Schritte von den bewohnten Gebäuden entfernten Latrinen unmöglich war. Das Princip war auch hier das der *fosses mobiles*. Alle Latrinen waren an der einander zugekehrten kurzen Wand zweier Baracken angebracht, so dass man von der Front und dem Lagerwege aus nichts bemerkte, dagegen von der Flanke aus sämmtliche 16 Latrinen-Anbauten der 16 Baracken übersah. Die Latrinen waren in der Weise eingerichtet, dass zunächst vom Krankenraum aus eine schmale Treppe von vier Stufen heraufführte, die durch eine Thür gegen den Krankenraum abgeschlossen war, wie es das System der offenen Latrinen bedingt. Dann folgte eine zweite Thür (zwei Thüren sind reglementsmässig für alle Latrinen in den Hospitälern) und hinter dieser lag der eigentliche Latrinenraum, der breiter war als die Treppe und zwei Oeffnungen ohne sonstige Bequemlichkeit im asphaltirten Fussboden enthielt. Unter diesen waren Fässer, wie bei den andern Latrinen in einem verschlossenen Raum,

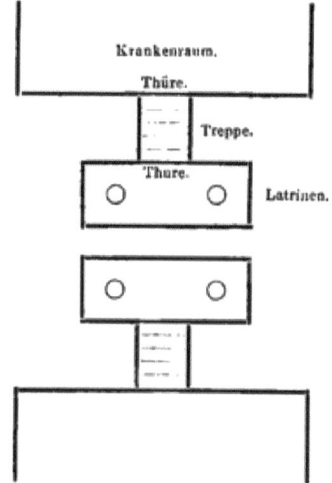

zu dem von aussen her eine Thür führte, aufgestellt. Dies System hat unstreitig für das Lazareth Nachtheile, wegen des nothwendigen engen Zusammenhangs der Latrinen mit den Krankenräumen. Ich habe mehrfach bemerkt, dass sich in der Nähe der Thür schon im Krankenzimmer der Uringeruch bemerklich machte, auch führten die Aerzte den üblen Geruch von den neben die Oeffnungen gerathenen

Excrementen als einen Nachtheil an, der bei dem nicht absolut genauen Schluss der Thüren nicht zu vermeiden sei. Die Excremente werden ebenso wie von den andern Latrinen abgeholt.

Jenseits des Lagerweges liegen die vier Barackenreihen, welche zu Wohnungen des Personals und Verwaltungszwecken dienen. Eine dieser Baracken ist als Pharmacie eingerichtet. Dieselbe ist in zwei Abtheilungen getheilt, deren eine die eigentliche Pharmacie, eine vollständige Apotheke, enthält, während die andere Hälfte als Tisanerie dient. Die Einrichtung dieser Pharmacie war sehr sauber und zweckmässig. Die Medicamente werden in der vorgeschriebenen Form von der Pharmacie centrale in Paris bezogen.

Eine der hier liegenden Baracken war speciell für die Bäder eingerichtet. Dieselbe enthielt drei getrennte Räume; in einem derselben wurde in zwei grossen Kesseln das Wasser erwärmt resp. der nöthige Dampf erzeugt, ein zweiter Raum enthielt zehn Badewannen für Soldaten, drei für Officiere (in einem besonderen Verschlage) ein dritter war für Dampfbäder eingerichtet, die die französischen Aerzte gern anwenden.

Die weiteren Anstalten ausser dem Hôpital infirmerie führen die Bezeichnung Ambulance, es sind deren drei, hinter jeder Division ist eine angelegt. Dieselben stimmen in Bezug auf ihre Einrichtung fast vollständig überein. Nicht weit vom Hôpital du centre, höchstens 150 Schritt entfernt, liegt:

2. Die Ambulance du centre (auf dem Plane mit II.

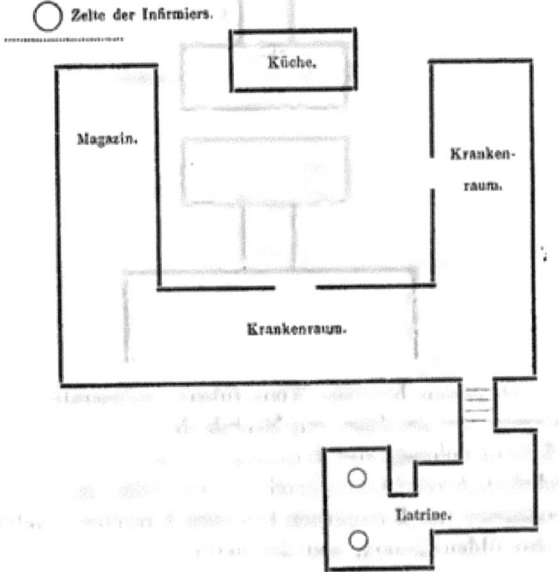

bezeichnet) bildet ein Hufeisen, ein Quergebäude mit zwei kleinen Flügelbauten, deren einer als Magazin diente. Quer vor ersterem stand die Küche, ein einstöckiges Gebäude im Barackenstyl, wie die ganze Ambulance. Das Hauptgebäude konnte 45 Kranke fassen. Die Betten standen in derselben Weise, wie im Hôpital du centre, auch die Ventilation war ganz dieselbe; hochliegende Fenster mit einem Flügel, unter denselben Luftlöcher mit Schiebern.

Der Belagraum war hier etwas enger als im Hôpital du centre, die Bett-Distancen etwas kleiner, besonders der Gang zwischen den Bettreihen nicht ganz so breit. Vor der Ambulance standen die Zelte der hierhergehörigen sechs Infirmiers.

Die Latrinen waren nach dem gleichen Princip, wie in dem Hôpital du centre, nur machte der Gang noch hinter der Treppe eine Biegung. Eine eigne Pharmacie existirte nicht. Die Medicamente wurden aus dem Hôpital du centre geliefert, ebenso dienten die Bäder des Hôpital du centre zugleich mit für diese Ambulance.

Hinter der Cavallerie-Division liegt:

3. Die Ambulance de droite (auf dem Plane mit III bezeichnet).

Nach denselben Principien wie diese Ambulancen überhaupt angelegt, ist diese bedeutend grösser als die Ambulance du centre.

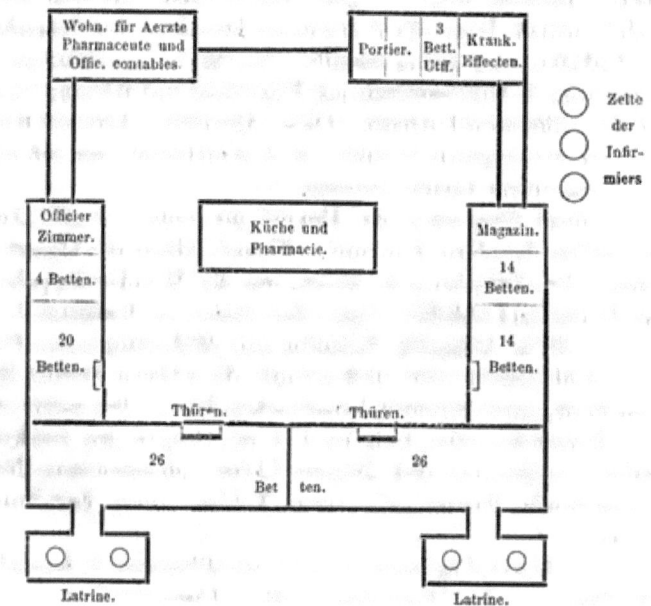

Die ganze Ambulance de droite kann 112 Kranke aufnehmen. Ihre innere Einrichtung ist im Allgemeinen der des Hôpital du centre conform, doch stehen auch hier die Betten gedrängter. Die Luft, mit derselben Ventilation durch Fenster und Luftlöcher zugeführt, war recht gut. Namentlich zeichnete sich diese Ambulance durch mehrere kleine Räume, als dies bei den andern Hospitälern der Fall war, aus. Beeinträchtigt wurde der Eindruck dieser Räume dadurch, dass dieselben nicht so hell waren, wie die andern, wovon der Grund in eigenthümlichen Wandverdoppelungen lag, (durch welche die Thüren führten), die aber sehr viel Licht wegnahmen. Die Latrinen waren ebenso angelegt, wie die anderen der Ambulancen, mit einem Verschluss von zwei Thüren.

Wegen der grossen Krankenzahl und weil diese Ambulance 15 Minuten vom Hôpital du centre entfernt lag, waren hier auch Wohnungen für zwei Aerzte und einen Pharmaceuten, sowie eine Pharmacie mit Tisanerie und Bädern eingerichtet.

Belegt war diese Ambulance bei meiner Abreise nur mit 54 Kranken und zwar waren hier nur Syphilitische.

Die beiden ausserdem noch vorhandenen Hospitäler im Lager von Châlons waren gar nicht mit Kranken belegt. Es waren:

4. Die **Ambulance de gauche** (auf dem Plane mit IV. bezeichnet). Dieselbe liegt eine gute halbe Stunde von dem Hôpital du centre entfernt, hinter der 3. Infanterie-Division. Die Einrichtung dieser Ambulance ist genau dieselbe, wie die der andern; ein Barackengebäude in Hufeisenform, mit Pharmacie und Bädern; dieselbe Ventilation; dieselben Latrinen. Diese Ambulance kann 50 Kranke fassen. Im vergangenen Sommer ist dies Gebäude, wie ich schon bemerkte, gar nicht benutzt worden.

Alle diese Hospitäler, das Hôpital du centre wie die Ambulancen, treffen dieselben Vorwürfe. Einmal führen die Thüren, mit Ausnahme der Ambulance de droite, wo die Wandverdoppelungen diesem Uebelstand abhelfen, direct ins Freie, ein Umstand der für die neben ihnen liegenden Kranken von Bedeutung ist. Ferner sind die Ambulancen nicht hell genug, die kleinen Fenster liegen auch so hoch, dass Niemand hinaus sehen kann, dies macht einen düstern Eindruck. Die Luft ist mir im Ganzen gut erschienen. Besonders möchte ich den Mangel kleiner abgesonderter Räume für ansteckende Kranke als einen Fehler dieser Einrichtungen bezeichnen.

5. Das **Hôpital infirmerie** (auf dem Plane mit V. bezeichnet) weicht ganz von dem Barackenstyl ab. Dasselbe liegt auf dem rechten Ufer des Cheneu, in fast grader Linie hinter der Ambu-

lance de droite und ist das einzige zweistöckige steinerne Gebäude des ganzen Lagers. Auch die dazugehörigen Gebäude waren sämmtlich massiv gebaut.

Das Hôpital infirmerie ist im Jahre 1859 erbaut und vor Kurzem erst vollendet worden. Es ist das einzige wirkliche Hospital des Lagers, in seiner Anlage, Bauart dazu eingerichtet, während, wie ich erwähnte, das Hôpital du centre ürsprünglich Kaserne ist, die Ambulancen nur zur Aufnahme leicht Kranker dienen.

Das Hospital hat 100 Betten, die in den Krankenzimmern beider Stockwerke verschieden vertheilt sind. Das untere enthielt einen grossen, die ganze Breite des Hospitals einnehmenden Saal zu 35 Betten, einen kleineren zu 11 Betten in seiner einen Hälfte in der andern gewöhnliche und medicamentöse Bäder, einen Operationssaal und zwei kleinere Zimmer für 6 Betten zusammen; die Latrinen lagen in der Mitte. Das obere Stockwerk hatte wieder zwei grosse Säle zu 36 und 12 Betten, ein Cabinet für Oberofficiere, 6 Betten für Officiere in zwei Stuben und das Zimmer für den Méd. de garde.

Die Ventilation dieses Hospitals bestand wie bei den andern Hospitälern in Oeffnungen unter jedem Fenster, die mit Schiebern versehen waren. Die reglementarischen 25 Mètres en cube für die Fiévreux und Blessés waren auch hier in der Anlage maassgebend gewesen.

Die Latrinen waren hier besser eingerichtet, als in irgend einem der von mir besuchten französischen Militair-Lazarethe, indem dieselben hier vollständig das Hinsetzen gestatteten. Beim Niedersetzen öffnete sich die untere Klappe, so dass der Koth direct hinunter fiel; es war jedoch kein Wasser zum Durchspülen da, so dass für den Fall einer Benutzung dieselben doch stark riechen werden. Mit Wasser wird das Hospital durch eine Pumpe versorgt, mittelst deren das Wasser heraufgeschafft wird und sich, von einem Reservoir aus, in Röhrenleitungen vertheilt.

Zu diesem Hôpital infirmerie gehörten noch verschiedene Nebengebäude, die vor dem Hauptgebäude gruppirt waren. Dieselben bestanden in der Küche und Pharmacie, der Kaserne der Infirmiers, der Wohnungen der Officiers d'administration und der Officiers de santé. Die untenstehende Zeichnung ergiebt ihre Gruppirung.

Es ist schwer über ein Hospital ein richtiges Urtheil zu fällen, welches nicht benutzt wird; nach dem allgemeinen Eindruck jedoch, den dies Hospital macht, möchte ich es für das vollkommenste von den vorhandenen halten. An seiner Benutzung bisher hat vielleicht nur seine etwas entfernte Lage vom Centrum gehindert. Besonders hat es mich Wunder genommen, dass man nicht für den Winter dies Hospital in Gebrauch zieht, dessen stärkere Wände doch gewiss den dünnen Barackenbauten vorzuziehen sind.

```
┌─────────────────────────────────────────────────────────┐
│             Strasse nach Mourmelon-le-Grand.            │
└─────────────────────────────────────────────────────────┘

   ┌──────────────┐                      ┌──────────────┐
   │  Wohnungen   │                      │   Kaserne    │
   │     der      │                      │     der      │
   │   Officiers  │                      │  Infirmiers. │
   │  contables.  │                      │              │
   └──────────────┘                      └──────────────┘


   ┌──────────────┐                      ┌──────────────┐
   │   Wohnung    │                      │    Küche     │
   │     der      │                      │     und      │
   │    Aerzte.   │                      │  Pharmacie.  │
   └──────────────┘                      └──────────────┘


   ┌─────────┬────────┬──────┬──┬────────────┬──────────┐
   │         │        │ Heiz-│L │            │          │
   │   3     │   3    │ Küche│a │    35      │    12    │
   │  Bet    │  ten.  │      │tr│            │          │
   ├─────────┴────────┼──────┴──┼────────────┼──────────┤
   │                  │Operations│           │          │
   │   Bä     der.    │ Zimmer.  │   Bet     │  ten.    │
   └──────────────────┴──────────┴───────────┴──────────┘
         Hôpital infirmerie, unteres Stockwerk.
```

Die Bestimmung dieser fünf Hospitäler anlangend, so war das Hôpital du centre speciell für die innerlich und äusserlich Kranken (Fiévreux und Blessés) bestimmt, während die sogenannten Ambulancen mit Syphilitischen belegt waren,

Sämmtliche Hospitäler zusammen vermögen circa 700 Kranke aufzunehmen, nämlich das

Hôpital du centre . . 400.
Ambulance de droite 112.
Hôpital infirmerie . . 100.
Ambulance de gauche 50.
„   du centre 45.

Wie ich schon erwähnt, waren die Ambulance de gauche und das Hôpital infirmerie gar nicht mit Kranken belegt, letzteres würde im Falle eines grösseren Krankenstandes, als ich ihn vorfand, sich besonders zur Aufnahme der Fiévreux und Blessés eignen.

Im Winter dient nur ein Theil des Hôpital du centre als Hospital, der Grund dieser Bestimmung liegt in dem Umstande, dass dasselbe den Baracken, die allein im Winter benutzt werden, am nächsten liegt. Da sich im Winter nur ein Regiment Infanterie, sowie Detachements der Artillerie für Schiessversuche, Genie- und Administrations-Truppen im Lager befinden — zur Zeit sind nach Auflösung des Lagers etwa 3000 Mann dort — so sind wenige Baracken für diese Zeit ausreichend.

Ich muss gestehen, dass ich selbst bei einem sehr milden Winter gegen das Hôpital du centre ernste Bedenken haben würde. Die Thüren führen unmittelbar ins Freie und ausserdem sind noch die Ventilationsöffnungen vorhanden, die nicht vollständig geschlossen werden können; nimmt man dazu noch die leichte Bauart der ganzen Baracke, so möchte von der Heizung des langen Saales durch eiserne Oefen keine ausreichende Wärme zu er- erwarten sein.

Ausser diesen festen Hospitälern bestanden im Lager noch die besonderen Regiments-Infirmerien.

Bei der Infanterie-Division, welche unter Baracken lag, war eine besondere (in der ersten Reihe der horizontal verlaufenden Baracken, am Lagerwege gelegen) dem Zweck der Regiments-Infirmerie gewidmet. Diese Baracke bestand aus zwei ungleichen Theilen, die durch eine solide Wand getrennt waren. Der eine kleinere Theil diente als Salle de visite, (hier wurden die Kranken des Morgens untersucht) als Pharmacie der Infirmerie und als Depôt für die reichlich vorhandenen und meist gleich nach Magistralformeln zusammengesetzten Medicamente. Die für die Kranken der Infirmerie nothwendigen Tisanen wurden hier auf einem eisernen Ofen bereitet. Der nebenliegende grössere Theil enthielt 12 Betten, die ganz ebenso wie die Betten der Truppen zusammengesetzt waren. Ein Brigadier führte in diesem Saal die Aufsicht.

Die Regiments-Infirmerien bei den Truppen unter den Zelten bestanden immer in 3 Zelten à 4 Betten per Regiment, so dass also 12 Betten auch hier für die Infirmerie vorhanden waren. Ein 4. Zelt nahm das Medicamenten-Depôt auf. Für die Kranken der Infirmerie waren auch Bettstellen, wie für das Hôpital du centre vorhanden. Ein 5. diente als Salle de visité, es bestand mithin die ganze Infirmerie aus 5 Zelten. Die 4 Bettstellen waren am Rande des Zeltes entlang aufgestellt.

Die Kranken in den Infirmerien waren in derselben Lage wie die Truppen; ihre Verpflegung namentlich war genau dieselbe, auch benutzten sie die Latrinen ihres Truppentheils. Aus diesem Umstande geht schon von selbst hervor, dass von der Behandlung der Kranken in den Infirmerien nur ein sehr beschränkter Gebrauch gemacht werden konnte. In der That war auch der Befehl gegeben, jeden wirklich kranken Soldaten sofort ins Hospital zu schicken, weshalb sich in den Infirmerien wenig oder gar keine Kranken befanden; die einzigen hier behandelten Kranken bestanden in leichten Verletzungen und Krätzkranken; letztere kamen nur wenig vor.

Die Behandlungs-Methode der Krätze bestand in Einreibungen mit der Pommade d'Helmerich (1 Theil Schwefel, 1 Theil kohlensaures Kali, 8 Theile Fett); die durchschnittliche Behandlungsdauer sollte nur drei Tage betragen.

Der Sanitätsdienst im Lager.

Das Personal.

Das Corps des officiers de santé, welches Behufs Ausführung des Sanitätsdienstes im Lager von Châlons anwesend war, bestand in Summa aus 51 Aerzten und 3 Pharmaceuten. Diese vertheilten sich in der Weise, dass 16 Aerzte für die Hospitäler bestimmt waren, von denen 10 auf das Hôpital du centre, 6 auf das Hôpital infirmerie, die Ambulance de droite, du centre und de gauche kamen. Die übrigen 34 Aerzte gehörten den Truppen an, jedoch waren die Stellen hier lange nicht vollständig besetzt, mehr als die Hälfte der etatsmässigen Aerzte fehlten. Selbst zur Besetzung der etatsmässigen Stellen in den Hospitälern hatte man auf Docteurs de Strassbourg zurückgegriffen, die noch ihre Zeit als méd. stagiaires in Paris vor sich hatten. Médecins requis, wie man dieselben in den Pariser und andern französischen Militair-Lazarethen zur Deckung der Manquemens als méd. de garde aus dem Civil genommen hatte, waren im Lager nicht vorhanden.

Die persönliche Situation der Aerzte im Lager anlangend, so bildeten die Hospitalärzte, die in Baracken bei ihren Lazarethen wohnten, eine besondere Messe im Hôpital du centre zusammen mit den Administrations-Officieren und Pharmaceuten, in welcher es sehr heiter und belebt zuging. Die Truppen-Aerzte wohnten unter Zelten oder Baracken, je nachdem ihr Truppentheil untergebracht war. Jeder hatte ein eigenes Zelt oder Zimmer. Die im Range der Oberofficiere stehenden Aerzte (Méd. maj. 1. Classe) hatten in den Baracken zwei Zimmer.

An der Spitze des gesammten Sanitätsdienstes, in beständiger Beziehung mit dem commandirenden Marschall *Baraguay d'Hilliers*, stand der Méd. principal 1. Classe *Dr. Colmant*, die obere Direction von Seiten der Intendance, also über dem Méd. en chef stehend, führte ein Sous-Intendant.

Im Hôpital du centre waren vier Stationen eingerichtet, zwei für Blessés, zwei für Fiévreux. Die Syphilitischen, welche in der Ambulance du centre lagen, bildeten eine besondere Abtheilung, ebenso die in der Ambulance de droite. In den vier Stationen des Hôpital du centre waren 4 Méd. traitants und 4 Aide-majors resp. Sous-aides thätig; ein Méd. traitant mit einem Aide-major war bei der Ambulance de droite; die gleiche Zahl bei der Ambulance du centre, ebenso waren 2 Méd. traitants mit 2 Aide-majors dem Hôpital infirmerie und der Ambulance de gauche zugetheilt, welche beiden letzteren Etablissements jedoch, wie ich bereits bemerkte, nicht mit Kranken belegt waren. Dieses Personal fand besonders bei den Manövern Verwendung.

Die 3 Pharmaciens waren in der Art vertheilt, dass ein Pharmacien aide-major der Ambulance de droite, ein Pharmacien major 2. Classe und ein Aide-major dem Hôpital du centre beigegeben waren.

Diesem ärztlichen Personal waren 150 Infirmiers zugegeben. Von diesen waren 9 infirmiers de visite (d. h. befugt die Verbände zu machen und die Listen zu führen) — 9 solche fehlten noch am Etat — sonst sind 3 solche Infirmiers de visite für jede Station vorschriftsmässig. Auf jede Baracke wurden im Allgemeinen 2 Infirmiers ordinaires gerechnet. Von dieser allgemeinen Rechnung trat jedoch darin eine Abweichung ein, als die Art der Krankheit auch auf die Zahl der Infirmiers von Einfluss ist. Man rechnet nämlich einen Infirmier auf 8 Fiévreux, oder 10 Blessés, oder 12 Vénériens, je nach der verschiedenen Sorge, die diese Kranken erheischen. Diese verhältnissmässig grosse Zahl von Infirmiers erklärt sich dadurch, dass dieselben zugleich die Stellung unserer Krankenwärter mit auszufüllen haben.

Der Sanitätsdienst in diesen Anstalten wurde in der überhaupt in der französischen Armee geltenden Art und Weise gethan. Die Untersuchung der sich krank meldenden Mannschaften geschah Morgens 8 Uhr in der Baracke oder dem Zelte, die als Salle de visite dienten, wohin die betreffenden Kranken geführt wurden. Diese Untersuchung geschah durch den einen Arzt des Truppentheils, und zwar wechselten sich hierbei die Aerzte des Regiments nach einer bestimmten Tour ab. An den Tagen der grossen Manöver trat jedoch in der Zeit eine Abweichung ein, indem die Kranken dann bereits vor dem Dienste untersucht wurden. Es war diese Einrichtung um so mehr dadurch bedingt, dass alle Aerzte an solchen Tagen ihre Truppentheile (wenigstens zur Zeit als der Kaiser anwesend war) begleiteten. Die Befunde der Untersuchung wurden in Bücher eingetragen, welche äusserst practisch waren, indem dieselben ausser einem vollständigen Nationale des sich krank meldenden Soldaten noch eine besondere Colonne mit Bemerkungen über die Moralität des Soldaten, besondere Gründe seiner Erkrankung etc. enthielten. Der untersuchende Arzt konnte ein dreifaches Votum abgeben:

eine einfache exemtion de service — malades à la chambre, Schonung vom Dienste die sich jedoch nach dem Reglement nicht über 4 Tage erstrecken soll;

die Aufnahme des Kranken in die Infirmerie — malades à l'infirmerie;

die Aufnahme des Kranken ins Hospital — malades à l'hôpital.

Wie ich schon früher bemerkte, war die zweite Kategorie im Lager von Châlons sehr beschränkt, indem alle erheblich erkrankten Soldaten ins Hospital geschickt werden mussten. Dasselbe galt auch von den Syphilitischen, die sonst allgemein nur in den Regiments-Infirmerien behandelt wurden. Die in der Infirmerie aufgenommenen Kranken bestanden meist aus solchen, die leichte Verletzungen hatten und aus Krätzkranken.

Die Visite in der Infirmerie geschah nach der Untersuchung der Kranken. Dieselbe musste immer vor dem Rapport stattfinden. Die neu für die Infirmerie bestimmten Kranken wurden im Laufe des Vormittags dorthin geschickt.

Transport der Kranken nach dem Hospital. Die bei der Untersuchung für das Hospital geeignet befundenen Kranken wurden nach dem Hospital in einem Ambulance-Wagen gefahren. Sofern dieselben syphilitisch waren, schickte man sie direct in die Ambulancen. Von dem Hôpital du centre aus fuhren nämlich jeden Morgen zwei Wagen ins Lager, einer nach dem rechten, der andere nach dem linken Flügel, welche die für das Hospital bestimmten Kranken sammelten und dorthin brachten. Diese Wagen waren fast alle nach dem modificirten System *Arnoux* eingerichtet, d. h. solche, die für Schwer- und Leicht-Verwundete hergerichtet werden konnten. Sobald ein Wagen mit 8 Kranken besetzt war, fuhr er nach dem Hospital, um nach Abgabe der Kranken die Fahrt bis zum äussersten Ende des zu befahrenden Flügels aufs Neue zu beginnen. Im Laufe des Vormittags kamen sämmtliche neuen Kranken im Hospital an.

Das Hôpital du centre war in 4 Stationen eingetheilt (Divisions), zwei für Blessés, zwei für Fiévreux, von denen die ersteren beiden von dem Méd. en chef, Méd. principal *Dr. Colmant* und dem Méd. major 1. Classe *Dr. Lecoeur*, die letzteren beiden von dem Méd. major 1. Classe *Dr. Marchessaux* und dem Méd. major 2. Classe *Dr. Meunier* als Méd. traitans versehen wurden. Jeder von diesen Méd. traitans hatte noch einen Aide-major oder Sousaide zu seiner Unterstützung. Ausser diesen war noch ein überzähliger Aide-major da.

Der Wachtdienst wechselte unter den Aide-majors des Hôpital du centre täglich, während die beiden Aide-majors der Ambulances du centre und de droite keinen Wachtdienst hatten, indem ein du-jour-Dienst in den französischen Militair-Lazarethen nur stattfindet, wenn wenigstens drei wachthabende Aerzte vorhanden sind, zwischen denen dieser Dienst wechseln kann.

Eine sehr genaue Controlle fand über die Infirmiers statt. Bei dem Portier war eine Tafel aufgehängt, die die Namen sämmtlicher Infirmiers enthielt. Hinter jedem Namen befanden sich drei Colonnen, in denen durch kleine Pflöcke bezeichnet war, ob der betreffende Infirmier krank, beurlaubt oder im Arrest war, ein Blick auf diese Tafel ergab die vorhandene disponible Zahl der Infirmiers.

Die Morgenvisite fand, da es im Sommerhalbjahr war, des Morgens um 6 Uhr, die Nachmittagsvisite um 3 Uhr statt. Die Morgenvisite muss immer so beendet sein, dass die Vertheilung der Medicin eine Stunde vor Vertheilung der Nahrungsmittel stattfindet. Letztere Zeit ist nicht obligatorisch, dieselbe ist vielmehr in jedem Lazareth durch den Méd. en chef bestimmt. Die Visite wurde von dem betreffenden Méd. traitant, in Begleitung des Aidemajor, eines Infirmier major und der Infirmiers ordinaires gemacht. Der Infirmier major führte dabei das cahier de visite, welches so eingerichtet ist, dass zwei Hefte, eines für die geraden, das andere für die ungeraden Tage des Monats existiren. Der Méd. traitant hat nun das vom vorigen Tage in der Hand, das seine Verordnungen von diesem enthält, und dictirt nun diesen entsprechend sehr genau dem Infirmier major seine Anordnungen in Betreff der Behandlung wie der Verpflegung in das andere Heft, welches ihm am folgenden Tage zur Einsicht dient. Namentlich die Diaet wurde ausserordentlich genau regulirt und bis in die kleinsten Details angegeben.

Die neu eingetretenen Kranken wurden bei der Nachmittagsvisite genau untersucht. Besonders schwere Kranke besuchte der Méd. de garde auch ausser der Visitenzeit.

Kranke die geheilt waren, wurden bei ihrer Entlassung aus dem Lazareth wieder mittelst der beiden Ambulancewagen zu ihren Truppentheilen zurückgeschafft. Ein Infirmier, der mitfuhr, sorgte dafür, dass die betreffenden Soldaten richtig bei ihren Truppentheilen abgeliefert wurden. Nachmittags 4 Uhr traten diese Wagen ihre Fahrten in die beiden Hälften des Lagers an.

Für die Ambulancen war der Modus des Dienstes derselbe, wie für das Hôpital du centre. Hier fungirten in der Ambulance de droite der Méd. major *Dr. Messager*, für die Ambulance du centre der Méd. major *Dr. Boyreau* als behandelnde Aerzte.

Der Krankenstand im Lager.

Schon im Jahre 1857, wo das Lager von Châlons zum ersten Male bezogen wurde, ist nach dem Bericht des Baron *Larrey* der Krankenstand ein ausserordentlich geringer gewesen, wiewohl damals noch nicht die Sanitäts-Anstalten in der Weise wie jetzt im Lager geregelt waren. Auch hatte damals die Garde, eine kriegsgewohnte Elitetruppe, dass Lager bezogen. Jedoch auch das Jahr 1858 bestätigte den vortrefflichen Gesundheitszustand im Lager; die jungen noch nicht abgehärteten Truppen, welche in diesem Jahre in das Lager gezogen wurden, vertrugen das Lagerleben vortrefflich. Wenn auch im Allgemeinen die militairärztlichen Erfahrungen einen bessern Gesundheitszustand der Truppen ausserhalb als in den Garnisonen ergeben, so ist doch das Factum gewiss von grosser Wichtigkeit, dass sich diese Erfahrung für das Lager von Châlons fast alljährlich bestätigt hat. Mir ist wenigstens sowohl von Militairärzten als Soldaten versichert worden, dass das Lager von Châlons jederzeit einen vortrefflichen Gesundheitszustand aufzuweisen gehabt habe und meine eignen Erfahrungen aus dem Jahre 1863 stehen mit diesen Angaben vollständig im Einklange.

Da nun die günstigen Sanitäts-Verhältnisse, die auf einige Wochen vielleicht von günstigen Zufälligkeiten abhängen, sich hier bei einem mehrmonatlichen Lagerleben fast alljährlich wiederholen, so dürfte damit ein wichtiger Fingerzeig für den Nutzen der stehenden Lager ausser für die militairischen Seiten auch für die Gesundheitspflege gegeben sein.

Leider liegen mir weiter keine Zahlen vor, welche ich benutzen könnte, als die Rapporte von 1857 und 1858, die in den Recueils de médecine militaire veröffentlicht sind, sowie die Zahlen die ich selbst über 1863 an Ort und Stelle erhalten habe. Die Rapporte über die Jahre 1859, 1860, 1861, 1862 sind nicht publicirt worden; meine Schritte, die betreffenden Zahlen, aus den officiellen Berichten zu erhalten, sind erfolglos geblieben.

Die Summe der sämmtlichen während der vorjährigen Periode des Lagers in das Hôpital du centre und die beiden Ambulances du centre und de droite gelangten Kranken beträgt nicht mehr als 1441 auf 26,500 Mann Effectivbestand. Diese Zahl fällt um so mehr ins Gewicht, als die Infirmerien jeden nur einigermaassen schwer erscheinenden Fall sofort ins Hospital zu schicken verplichtet waren, mithin die wenigen leichten Kranken, die hier behandelt worden sind, für die Beurtheilung des Sanitätszustandes des ganzen Corps keinen Ausschlag geben können.

Diese 1441 Mann zerfallen nach der Art der Krankheiten, an welchen sie litten, in folgende Gruppen:

$$\begin{array}{r l} 667 & \text{Fiévreux} \\ 421 & \text{Blessés et malades de la peau} \\ 353 & \text{Vénériens} \\ \hline 1441 & \text{Kranke.} \end{array}$$

Mit diesem Verhältniss stimmt auch das des Tagesrapports im Allgemeinen über ein; dies ergiebt z. B. vom 27. August:

$$\begin{array}{r l} 139 & \text{Fiévreux} \\ 102 & \text{Blessés} \\ 100 & \text{Vénériens} \\ \hline 341 & \text{Kranke.} \end{array}$$

Diese Zahl wurde mir vom Méd. en chef als die durchschnittliche bezeichnet, die denn auch so ziemlich jener Generalzahl von 1441 entspricht.

Todesfälle sind während der diesjährigen Lagerperiode 21 vorgekommen.

Wenn man annimmt, dass diese Zahl von 340 Kranken für die ganze Truppenzahl einem Krankenstande von 1¼ Procent entspricht, dass auf 78 Mann 1 Kranker kommt, dass auf die ganze Zahl der Kranken nur 21 Todesfälle (1,45%) kommen, so ist dies unstreitbar ein ausserordentlich günstiges Verhältniss. Wie mich die Militair-Aerzte versicherten, hat die grösste Zahl der Truppen in ihren Garnisonen bei gewöhnlichen Kasernements-Verhältnissen 7—8 Procent Kranke, in Paris speciell in den Kasernen Prinz Eugen und Napoleon ist das Verhältniss noch höher.

Nach den vergleichenden Sterblichkeits-Tabellen der verschiedenen Armeen von *Engel* wird die Sterblichkeit der französischen Armee auf 28,7 von 1000 Mann Effectivstärke angegeben, was 2,87% entspricht. Der obige Procentsatz betrug nur 1,45%, mithin stellt sich ein sehr günstiges Verhältniss für das Lager heraus.

Gehen wir jetzt näher auf die einzelnen Klassen der Kranken ein, welche der vorstehende Rapport aufstellt.

Die Fiévreux 667 an der Zahl, also fast die Hälfte sämmtlicher Kranken, begreifen alle innerlich Kranke in sich, welche auf den beiden Abtheilungen im Hôpital du centre behandelt worden sind. Nach der Angabe der behandelnden Aerzte ist keine Krankheitsform epidemisch aufgetreten oder hat unter den besonderen Lager-Verhältnissen Recidive gemacht, wie dies im Jahre 1858 mit einer Wechselfieber-Epidemie beim 6. Jäger-Bataillon der Fall war, welches, aus den insalubren Kasernen von Strassburg und Rennes kommend allein 106 Mann im Laufe eines Monats ins Hospital schickte (Rapport des Méd. principal *Perier*). Die Befürchtung des Baron *Larrey*, dass die stellenweise sumpfigen Ufer des Cheneu Wechselfieber für die in der Nähe campirenden Truppen erzeugen könnten, hat sich nicht bestätigt.

Die Kranken dieser Abtheilung boten daher nur die überhaupt beim Militair gewöhnlichen aus Gelegenheitsursachen resultirenden Krankheitsformen dar. Pneumonien, einseitig und doppelseitig, Pleuritiden, Bronchial-Catarrhe, acute Gelenk-Rheumatismen bildeten die grösste Zahl der innerlich Kranken; ausser diesen kamen auch mehrfach fieberhafte Gastricismen vor. Zwei Fälle von Varioloiden und ein Fall von Scarlatina waren gleichfalls vorhanden, jedoch traten auch diese Krankheitsformen, wie man mir sagte, nur vereinzelt auf. Für Gelenk-Rheumatismen, gern complicirt mit Pleuritis, boten die Araber einen besonders günstigen Boden.

Tuberkulose, welche man in den französischen Militair-Lazarethen so sehr häufig sieht, habe ich im Hôpital du centre wenig bemerkt; wahrscheinlich hatte man solche Leute, die verdächtige

Symptome boten, schon bei den Depôts der Regimenter zurückgelassen.

Mehrfache Fälle von chronischen Magenleiden, wo der Verdacht von Magengeschwüren vorlag, waren ebenfalls im Hôpital vorhanden. Die französischen Militair-Aerzte geben für diese Fälle, die in der französischen Armee verhältnissmässig häufig sind, gewiss nicht mit Unrecht, dem so sehr häufigen Genuss von Branntwein (besonders Absynth) einen grossen Theil der Schuld, da diese Getränke — wenn auch verdünnt genossen — an Stelle des bei uns mehr verbreiteten Biergenusses stehen.

Fälle von Insolation, wie dies bei der hohen Temperatur dieses Sommers nicht anders zu erwarten war, sind vorgekommen, jedoch ist keiner dieser Fälle tödtlich verlaufen, indem dieselben nicht über starke Cerebralcongestionen hinausgegangen sind. Es ist übrigens gewiss vom Sanitätsstandpunkte sehr anzuerkennen, dass auf die Temperatur bei der Anordnung der Manöver so viel Rücksicht genommen worden ist. Während der sehr heissen ersten Hälfte des August waren die Manöver in die frühesten Morgenstunden verlegt worden, so dass schon um 8 Uhr Morgens der Dienst beendet war.

Unter den Todesfällen ist ein Fall von Ileus zu bemerken.

Die Behandlung der Kranken war im Allgemeinen nicht von der bei uns üblichen abweichend. Das sanguinische Temperament der Franzosen trägt gewiss zu dem heftigen fieberhaften Charakter der meisten Krankheiten wesentlich bei, doch liess man eine stark eingreifende antiphlogistische Methode nur selten Platz greifen. Aderlässe wurden sehr wenig in Anwendung gezogen, dafür viel Schröpfköpfe. Eine besonders ängstliche Sorgfalt wurde auf die Diaet der Kranken verwandt, die bis ins Kleinste genau angeordnet wurde und im Allgemeinen eine mehr stärkende als entziehende war. Die öftere Verordnung der Chocolade habe ich bereits erwähnt.

Die Araber boten für die Behandlung vielfache Schwierigkeiten. Dieselben sind auf keine Weise dazu zu bringen Diaet zu halten, sondern essen immer, wenn sie auch noch so krank sind und geben immer an guten Appetit zu haben. Dabei sind sie für Medicamente äusserst empfindlich und können durchaus nicht einer schwächenden oder stark eingreifenden Medication unterworfen werden.

Temperatur-Messungen bei den Kranken habe ich im Hôpital du centre nicht machen sehen, dieselben haben überhaupt in Frankreich noch nicht die allgemeine Anwendung wie bei uns zu diagnostischen Zwecken gefunden.

Die Blessés bildeten mit den Hautkranken vereinigt eine Anzahl von 421 Kranken. Besonders schwere Fälle habe ich unter diesen nicht bemerkt. Fracturen waren 12 vorgekommen, die mit den in Frankreich so beliebten Kleisterverbänden behandelt wurden.

Diese 12 Fracturen betrafen folgende Knochen:

Unterschenkel	3
Fibula	2
Zehen	1
rechter Daumen	1
linker Oberarm	1
linker Vorderarm	1
Schlüsselbein	1
Schulterblatt	1
Unterkiefer	1
	12

Eine der Unterschenkel-Fracturen, bei der die Amputation nöthig geworden war, war vor meiner Ankunft tödtlich verlaufen.

Eine verhältnissmässig grosse Zahl der äusserlich Kranken litt an Fussgeschwüren, die in der französischen Armee durch die schon vorher besprochenen Jambières eine ausserordentliche Verbreitung haben. Dieselben sind meist variköser Natur, indem die Entstehung der Varicen durch den fortwährenden beschränkten Druck der Jambières ausserordentlich gefördert wird. Auch hier bot die Behandlung keine besonderen Abweichungen von der bei uns üblichen dar.

Als ich in das Lager von Châlons kam und die mächtigen Wirbel des feinen weissen Kalkstaubes sah, die der Wind auf dem Manöverterrain vor sich her trieb, glaubte ich, dass hier, zumal im vergangenen heissen Sommer, Augenaffectionen besonders häufig sein müssten. Auf meine betreffende Frage wurde jedoch das Vorkommen derselben ganz in Abrede gestellt, auch im Hôpital du centre erinnere ich mich gar nicht, Augenkranke gesehen zu haben. Auch von Granulationen wusste man in diesem Jahre nichts, die sonst in Frankreich eine bekannte Krankheit sind. Es dürfte sich hierdurch wieder die bei uns gemachte Erfahrung bestätigen, dass der Aufenthalt in freier Luft gegen die granulose Augenentzündung, selbst bei nebenherwirkenden Schädlichkeiten, wie Staub, eine günstige Heilpotenz ist; wir wissen ja auch aus unsern Manövern, dass sich gerade diese Zeit niemals besonders fruchtbar für den Granulationsprocess auf der Conjunctiva erweist.

In früheren Jahren sind häufig Fälle von Hemeralopie vorgekommen. Jetzt, wo der Boden besser bewachsen ist und damit die heftige Blendung wegfällt, hat man solche Fälle nicht beobachtet.

Fast ein Viertel sämmtlicher Kranken (353) bildeten die Vénériens. Diese Zahl mag für den ganzen Krankenstand von 1441 verhältnissmässig hoch erscheinen, im Vergleich zur Truppenzahl von 26,500 Mann erscheint dieselbe ausserordentlich gering. Die Formen der Syphilis, welche ich hier gesehen habe, waren zum Theil Recidive secundairer Affecte, welche durch die anstrengende Lebensweise im Lager wieder zum Ausbruch kamen. Die primairen syphilitischen Affecte waren zum grössten Theil auf dem Marsche acquirirt, frische Ansteckungen, die im Lager selbst zu Stande gekommen, waren nur in sehr kleiner Zahl vorhanden. Von dieser geringen Anzahl waren die meisten Blennorrhoeen der Harnröhre, öfter mit Orchitis complicirt. Einen höchst interessanten Fall von Ulcus induratum in der untern Conjunctivalfalte sah ich bei einem Infirmier, welcher sich beim Verbande eines Syphilitischen inficirt hatte. Das Geschwür trug in Belag und Induration alle Charactere eines harten Chankers; dabei waren die Cervicaldrüsen stark geschwollen.

Die Behandlung der syphilitischen Affecte war bei allen secundairen Formen eine mercurielle; mit besonderer Vorliebe wurden die Sublimatpillen angewendet. Die Fälle von Recidiven der Hautaffectionen waren besonders häufig, dieselben wurden ebenfalls mercuriell behandelt.

Alleinige Anwendung von Schwitzkuren habe ich nicht gesehen, dagegen folgte dem Mercurialgebrauch als Nachkur in der Regel der Gebrauch des Jod. Gegen Blennorrhoeen bediente man sich hauptsächlich des Balsamum copaivae.

Die geringe Zahl der primairen syphilitischen Affecte verdankt das Corps im Lager der Einrichtung der Bordelle. Mag man vom moralischen Standpunkte über diese Anstalten denken wie man will, so viel ist gewiss, dass bei einer solchen Truppenmasse, die gut genährt wird, und bei der deshalb ein starker animus coeundi existirt, officiell Vorkehrungen getroffen werden müssen, um die syphilitischen Ansteckungen auf ein Minimum zu reduciren. Namentlich aber ist bei französichen Truppen eine solche Vorkehrung sehr nothwendig, da der französche Character auch einen sehr starken Geschlechtstrieb bedingt.

Die Zahl der bestehenden Bordelle ist für die Truppenzahl des Lagers eine sehr geringe, es sind nur fünf. Von diesen liegen vier in dem Dorfe Mourmelon-le-Grand und zwar ist von diesen vier eins ausschliesslich für Officiere, eins für Unterofficiere bestimmt. Ein fünftes Bordell liegt in Mourmelon-le-Petit.

Die vier in Mourmelon-le-Grand liegenden Bordelle stehen speciell unter der Militair-Verwaltung, die sich über ihre Einrichtung mit der Orts-Obrigkeit in Verbindung gesetzt hat. Das Bordell in Mourmelon-le-Petit ist dagegen ein Civil-Institut.

Die Grösse der Bordelle ist nicht bedeutend, zusammengenommen waren in denselben nur ungefähr 95 Frauenzimmer, von denen 65 auf die Bordelle in Mourmelon-le-Grand, 30 auf das Bordell in Mourmelon-le-Petit kommen. Dieselben befanden sich im Alter von 21 bis 45 Jahren nach den officiellen Listen.

Die Aufsicht über diese Bordelle war eine ausserordentlich strenge.

Mit der Beaufsichtigung des Gesundheitszustandes der Frauenzimmer war für die Bordelle in Mourmelon-le-Grand der Méd. major *Dr. Bertrand* vom 5. Jäger-Bataillon beauftragt, welcher an jedem Montage die sämmtlichen in das Officier Bordell geführten (meist entsetzlich reducirten) Frauenzimmer zu untersuchen hatte. Für das Bordell in Mourmelon-le-Petit war ein Civil-Arzt engagirt. Die sämmtlichen zu dieser Untersuchung nothwendigen Instrumente hatten die Bordellwirthe zu liefern. Etwa krank gefundene Frauenzimmer wurden in das Civil-Hospital nach Châlons geschafft, jedoch soll dies nach *Dr. Bertrand* selten der Fall gewesen sein, da den Wirthen durch hohe Geldstrafen, auf Unterlassung der Anzeige von Erkrankungen gesetzt, der Gesundheitszustand ihrer Dirnen sehr theuer war. Auch in anderer Beziehung waren die Bordelle streng überwacht. Dieselben durften ihre innere Bestimmung in keiner Weise verrathen; kein Frauenzimmer durfte sich an den Fenstern zeigen oder ausgehen. Die für die Soldaten bestimmten Bordelle wurden um zwölf Uhr Nachts geschlossen. Zur Vermeidung von Excessen durften in denselben keine alcoholischen Getränke verkauft werden.

Auch die Preise waren normirt, der Soldat zahlte 1 Fr., der Unterofficier 2 Fr., der Officier von 3 Fr. ab.

Ausser diesen in Bordellen untergebrachten Dirnen waren jedoch noch an hundert freiwohnende in den beiden Mourmelons, deren Ueberwachung zwar eine sehr laxe war, die aber mehr oder weniger der feineren Prostitution angehörten. Diese Klasse übte deshalb auf den Gesundheitszustand des ganzen Corps keinen Einfluss aus. Im Ganzen hatte die Gensdarmerie auf diese Priesterinnen der Venus vulgivaga ein sehr wachsames Auge, und häufig wurden mit der Eisenbahn ankommende Dirnen sofort vom Bahnhof wieder zurückgeschickt. Was die 21 während der diesjährigen Lagerperiode vorgekommenen Todesfälle betrifft, so gruppiren sich dieselben folgendermassen:

> doppelseitige Lungenentzündung 1
> Pleuritis 1
> capillaire Bronchitis 1
> Peritonitis 1
> Lungenschwindsucht 4
> typhöses Fieber 5
> Lungen-Apoplexie 1
> Gehirn-Apoplexie 2
> Meningitis 1
> Ileus 1
> Eingeklemmter Bruch 1
> Gastroenteritis durch Vergiftung 1
> complicirte Fractur des Unterschenkels, die
>   die Amputation nöthig machte 1
>   Todte 21

Der Gesundheitszustand im Lager von Châlons, so günstig er auch im Allgemeinen immer gewesen ist, ist doch einzelnen Schwankungen unterworfen gewesen. Dies gaben nicht nur die französischen Militair-Aerzte an, sondern zeigen auch die betreffenden Rapporte. Der Bericht des Baron *Larrey* vom Jahre 1857 giebt an, dass Diarrhoeen, Dysenterien, Wechselfieber, Brust-Affectionen und Rheumatismen vorgekommen seien, zu denen noch einige Unglücksfälle damals bei der Artillerie als chirurgische Krankheiten hinzutraten. Jedoch im Ganzen und Grossen erklärt sich der Baron *Larrey* mit dem Gesundheitszustande der Truppen sehr zufrieden; leider enthält sein Rapport nicht die Krankenzahl. Allein dass auf die ganze Zahl der damaligen Lagerperiode auf 23,000 Mann Effectivbestand nur 2 Todte gekommen sind, beweist am besten, dass im Lager damals ein guter Gesundheitszustand geherrscht hat.

Der Bericht des Méd. principal *Perier* über den Sanitätszustand des Lagers 1858 giebt für diese Periode 1921 Kranke auf 15,461 Mann Effectivbestand an. Von diesen 1921 Kranken waren 988 ins Hospital nach Châlons evacuirt worden, während der Rest in den Ambulancen behandelt war. Auf diese Zahl kamen 13 Todesfälle.

Für das Jahr 1859 ist ein besonders ungünstiger Gesundheitszustand zu registriren, indem die Dissertation des *Dr. Majesté* (Strassburg 1860, besprochen in der Militairärztlichen Zeitung No. 11. Jahrgang 1861) nicht weniger als 8000 Kranke mit 49 Todesfällen angiebt. Es war jedoch damals während des italienischen Feldzuges eine grössere Armee als gewöhnlich zusammengezogen, ich bedauere die genaueren Zahlen nicht angeben zu können, da mir die Materialien fehlen. Es lässt sich also hieraus kein Schluss ziehen.

Auch das Jahr 1862 hat ungünstigere Verhältnisse als 1863 ergeben, indem wegen des sehr nassen Sommers der Krankenstand mehrfach 500 — 600 Kranke erreicht hat.

Aus diesen wenngleich sehr lückenhaften Angaben, geht doch unter allen Umständen hervor, dass der Gesundheitszustand in diesem Jahre mit 1441 Kranken und 21 Todesfällen auf 26,500 Mann Effectivbestand ein ausserordentlich günstiger zu nennen ist.

Der Sanitätsdienst bei den Manövern.

„Die Manöver sollen soviel wie möglich Kriegs-Operationen „gleichen." Wenn diese Worte einer der General-Ordres aus dem Jahre 1857 zugleich auf den Sanitätsdienst bei den grossen Manövern mit angewendet würden, so müsste man hoffen, hier im Lager von Châlons die Manöver des Sanitätsdienstes, so weit sich dieselben mit fingirten Verwundeten darstellen lassen, ausführen zu sehen. Diese Theilnahme des Sanitätsdienstes war allerdings nicht in solchem Grade ausgedehnt, dass die verschiedenen Sanitätstruppen auch ihrerseits selbstständig manövrirt hätten; dieselbe war vielmehr dem factischen Bedürfniss der manövrirenden Truppen und der nöthigen Hülfeleistung bei vorkommenden Unglücksfällen angepasst.

Wenn es auch demnach an eigenthümlichen Manövern des Sanitätsdienstes fehlte, so gab doch schon der Umstand, dass man überhaupt für solche vorkommenden Fälle beim Manöver gesorgt hatte, Gelegenheit einen practischen Sanitätsdienst zu sehen, wie ich wenigstens dazu in Preussen noch keine Gelegenheit gehabt hatte.

Wie ich bereits bei der Zeiteintheilung bemerkte, fanden in der zweiten Hälfte des August zweimal wöchentlich grosse Manöver statt, die um 9 oder 11 Uhr begannen und dann bis nach 4 Uhr Nachmittags währten. Diese Manöver unter den Augen des Kaisers ausgeführt, können gewiss als Muster-Manöver betrachtet werden, denen mir in der Kaiserlichen Suite beizuwohnen vergönnt war, wo ich zugleich aus dem Munde des Baron *Larrey*, welcher stets den Kaiser begleitete, die werthvollsten Aufklärungen über die Sanitäts-Einrichtungen zu erhalten die Ehre hatte.

Die Sanitäts-Vorkehrungen während der Manöver lassen sich in zwei Hauptgruppen theilen:
1) Die Begleitung der Truppen durch die Truppen-Aerzte und die Träger der Ambulancen-Tornister.
2) Die für etwaige Unglücksfälle den Truppen folgenden Ambulance-Wagen mit dem ihnen zugetheilten Personal von Aerzten und Infirmiers.

Was zunächst die Begleitung der Truppentheile durch ihre zugehörigen Aerzte betrifft, so ist dieser Dienst für die Aerzte vollständig obligatorisch und um so mehr nothwendig, als die französische Armee bei den Truppen keine Lazarethgehülfen hat. Die Aerzte sind demnach schon ohnehin verpflichtet — und zwar speciell die Aide-majors — beim Baden, bei den Uebungsmärschen, beim Bewegen der Pferde der Cavallerie und Artillerie zugegen zu sein; — bei grossen Manövern dagegen, wie hier im Lager von Châlons, folgten sämmtliche Aerzte aller Grade ihren Truppentheilen. Sie wurden zu diesem Dienste von ihren vorgesetzten Truppen-Commandeuren beordert.

Die Zahl der bei den Manövern anwesenden Aerzte anlangend, so befand sich bei jedem Bataillon reglementsmässig einer, (Méd.-major 1. resp. 2. Classe oder ein Aide-major), jedoch waren viele Stellen unbesetzt, wie ich schon erwähnte. Bei der Cavallerie sah ich zwei Aerzte, einen Méd.-major 2. Classe und einen Aide-major, bei der Artillerie per Regiment von 6 Batterien 3 Aerzte im Range wie bei der Infanterie. Beritten waren von diesen Aerzten alle die, welche bei der Cavallerie, Artillerie und dem Train waren, ausserdem noch die Méd.-majors 1. Classe der Infanterie. Die Méd.-majors 2. Classe und Aide-majors der Infanterie gingen zu Fuss. (In der Garde sind als besondere Prärogative alle Aerzte beritten.)

Die Truppen-Aerzte hielten sich bei den Manövern jederzeit in der unmittelbaren Nähe ihrer Truppentheile. Während des Marsches befanden sie sich auf dem rechten Flügel neben dem Adjudant-major des Bataillons. Sobald einer der Truppentheile in Action trat, befanden sich die Aerzte möglichst in der Nähe des Truppentheils, in der Regel waren sie 20 Schritt hinter der Front. Dieselbe Distance sah ich auch die Aerzte der Cavallerie und Artillerie innehalten, welche gewöhnlich mit den Thier-Aerzten zusammenritten. Nie aber entfernten sich die Aerzte weiter, so dass man sie hätte vorkommenden Falls suchen müssen; sie durften sich nicht etwa darauf beschränken ihren Truppentheil nur in Sicht zu behalten. Auch bei der Parade verliessen sie ihren Truppentheil nicht, sondern gingen oder ritten mit vorbei. Die Aerzte der

Infanterie befanden sich dabei auf dem rechten Flügel ihres Bataillons; bei der Cavallerie ritten sie auf dem linken Flügel, einen Schritt hinter dem letzten Gliede. Das Salutiren fand dabei von Seiten der Aerzte durch Abnehmen des Hutes statt.

Wie ich schon oben erwähnte, haben die französischen Truppen-Aerzte keine Infirmiers zu ihrer Unterstützung, diese gehören vielmehr nur den Hospitälern an.

Um jedoch die nöthigen Instrumente, Bandagen und Medicamente bei der Hand zu haben, hat jeder Arzt eines Infanterie-Bataillons einen Träger mit dem Ambulance-Tornister (in der Regel seinen Burschen) bei sich, der ihm immer zur Seite ist. Bei der Cavallerie befinden sich diese Gegenstände in besonders eingerichteten Satteltaschen (saccoches), bei der Artillerie existiren sowohl sacs d'ambulance als saccoches, je nachdem sie Fuss-Artillerie oder reitende ist. Der Träger dieser Taschen folgt bei diesen Waffen immer dem Méd.-major.

Die Ambulance-Tornister, welche zum Zweck der ersten Hülfeleistung den Truppen-Aerzten die nöthigen Mittel bieten sollen, bestanden aus zwei Haupt-Abtheilungen, einem geräumigen Mitteltheil (havre-sac) und einer oben aufgeschnallten Rolle (rouleau). Der Mitteltheil enthält zwei Abtheilungen mit Charpie, Binden, Compressen, Leinewand, die untere die nöthigen Medicamente. Diese betreffenden einzelnen Abtheilungen sind Blechkasten, die aufgezogen werden; der Träger bleibt, während das Tornister benutzt wird, aufrecht stehen und der betreffende Arzt langt sich die nöthigen Sachen heraus.

Den speciellen Inhalt dieser sacs d'ambulance betreffend, so sind dieselben nur mit den nothwendigsten Medicamenten versehen. Sie enthalten Aether, Ammoniak, Opium, Chloroform, Brechpulver, Chinin — ich vermisste den liquor ferri sesquichlor. Die vier Kasten der beiden obern Abtheilungen enthalten Compressen, Binden, Charpie, Pflaster, und zwar in solchem Verhältniss, dass die Verbände dreier Kopfwunden, einer Brustwunde, einer Arm, oder Schenkel-Amputation oder 20 leichter Verwundungen damit gemacht werden können.

Besonders reich sind diese Ambulance-Tornister mit Instrumenten ausgestattet. Die Rolle von Blech (Rouleau), welche oben auf den havre-sac aufgeschnallt ist, enthält nämlich folgende Gegenstände:

2 Nadeln,
1 Schlundstösser,
1 convexes Bistouri,

2 grade Bistouris,
1 einschneidiges Amputationsmesser,
1 Zwischenknochenmesser,
1 Kornzange,
1 Arterienpincette,
1 Knochensäge mit 2 Blättern,
2 elastische Katheter,
1 Schlundsonde,
1 Tourniquet,
1 Spritze und mehrere Schienen.

In der Blechrolle sind diese Instrumente in einem Maroquin-Etui verpackt.

Auf diesem Rouleau befindet sich noch eine wollene Decke aufgeschnallt, in welcher sich die nothwendigsten Bade-Utensilien befinden; dieselbe kann auf der Blechrolle mit den Instrumenten befestigt werden.

Ein Deckel mit einem Index der im sac d'ambulance enthaltenen Gegenstände wird mittelst der beiden ledernen Seitentheile vorgeschnallt und so das Tornister geschlossen. Das Gewicht desselben gleicht fast vollständig dem der Infanterie-Tornister, wird also etwa 40 Pfund betragen.

Die Saccoches oder Satteltaschen bei der Cavallerie sind zu beiden Seiten des Pferdes angebracht, ähnlich wie die Medicintaschen bei unsern Lazarethgehülfen der Cavallerie oder die Putztasche bei den Leuten. Die Taschen liegen schräg den Flanken des Pferdes an und sind durch einen Uebergurt an dem hintern Sattelbogen befestigt und auf der Schabrake festgeschnallt. In der rechten Satteltasche befinden sich die Instrumente und Schienen in einer Tasche, darunter ein besonderer Kasten (coffret) mit den Medicamenten und einem Theil der Verbandgegenstände. Die linke Satteltasche enthält die übrigen Verbandgegenstände. In diese Tasche wird noch, wenn es zum Baden gehen soll, statt der Verbandgegenstände die wollene Decke mit den Badeutensilien verpackt.

Diese Satteltaschen wiegen 14 Pfund, gleich 7 Kilogrammes. — Man klagte, dass dieselben die Pferde sehr ermüdeten und namentlich die Flanken des Pferdes beim Reiten heftig schlügen; letzteres habe ich selbst bei den Manövern bei starken Gangarten oft gesehen. Den Vorschlag, die unter dem Sattel liegende wollene Decke so zu legen, dass ein Zipfel davon noch unter der Schabracke das Pferd gegen das Schlagen der Tasche schützte, scheint mir unpractisch, weil dadurch leicht die Sattellage auf der Decke eine ungleiche und das Pferd gedrückt wird.

Die Packung der Satteltaschen steht weit hinter der der Ambulance - Tornister zurück; diese Tornister sind durch die Schubfächer bequem zugänglich, die Satteltaschen dagegen muss man erst ausleeren, wenn man etwas am Boden Befindliches suchen will, da dieselben von oben zugänglich sind. Die Instrumente liegen in der Satteltasche nicht fest und werden hin- und hergestossen, durch den Staub verdorben und unbrauchbar gemacht. Dies giebt der Rapport des Baron *Larrey* vom Jahre 1857 besonders an, ich selbst habe diese Uebelstände vielfach besprechen hören.

Ausser diesen in den sacs d'ambulance und den saccoches befindlichen Gegenständen hatte nun noch jeder Arzt seine Verbandtasche bei sich, welche er in der Patrontasche (giberne) umgehängt trug. Der Inhalt dieser Verbandtasche ist für kleine Operationen zureichend, er besteht in folgenden Gegenständen:

4 Nadeln zu Suturen,
1 convexes Bistouri,
1 grades Bistouri,
1 geknöpftes Bistouri,
1 Coopersche Scheere,
1 grade Scheere,
4 Lancetten,
1 Unterbindungspincette,
1 Verbandpincette,
1 Kornzange,
1 Porte-pierre,
1 Rasirmesser,
1 geriefte silberne Sonde,
1 männlichen und 1 weiblichen Katheter,
1 Stahlspatel,
1 feine silberne Sonde,
1 silberne Hohlsonde.

Diese Instrumente befanden sich in einer Verbandtasche, welche wieder von einer Patrontasche (giberne) aufgenommen wird. Diese Giberne von schwarzem Leder mit messingnen Verzierungen wird an einem schwarz lackirten Riemen, an dem vorn eine vergoldete messingne Decoration (2 Löwenköpfe mit 3 Ketten) angebracht ist, von der linken Schulter zur rechten Hüfte getragen. Auf der linken Schulter hält die gestickte Achselklappe, die über den Riemen geknöpft wird, denselben fest. Für den gewöhnlichen

Dienst ist sowohl der Riemen (bande) als die Tasche in einem Ueberzuge von rothen Maroquinleder eingeknöpft, dessen Knopfreihe an der vordern Seite des Riemens heruntergeht. Dieser rothe breite Streifen, der über die Brust herübergeht, macht die Aerzte, sowie die Thierärzte, welche eine ähnliche Giberne tragen, auf weite Distancen kenntlich.

Bei einem etwanigen Unglücksfall bei den Manövern (ich habe nur den einzigen gesehen, dass ein Spahi bei einer Phantasia vor dem Kaiser am 26. August mit dem Pferde stürzte, ohne sich ernstlich zu verletzen) leisteten zunächst die Truppenärzte die erste Hülfe. Dieselbe bestand hier bei den Manövern nur wesentlich darin, dass dieselben für den Transport des betreffenden Kranken zum nächsten Ambulancewagen sorgten. Hier geschah das Weitere.

Cantinen, zwei Kästen, die über ein Maulthier gehängt werden (ein Paar für je ein Bataillon oder Escadron) und noch eine besondere Reserve an Arzneien und Verbandmitteln bieten, existiren nur für das Feld und waren im Lager von Châlons nicht vorhanden. Hier musste auf die beiden Caissons für den weiteren Bedarf zurückgegriffen werden.

Die Ambulancewagen mit den denselben beigegebenen Aerzten und Infirmiers bildeten den zweiten Factor des Sanitätsdienstes bei den Manövern. Auch für diese gilt die Bemerkung, dass dieselben nur für die effectiven Hülfsleistungen bei den Manövern berechnet waren, es fanden keine selbständigen Manöver derselben statt.

Jeder der manövrirenden vier Divisionen war ein Voiture d'ambulance beigegeben. Ein fünfter Wagen dieser Art folgte bei den Manövern, denen der Kaiser beiwohnte, speciell der Kaiserlichen Suite. Diese Ambulancewagen bei den Manövern waren alle nach dem modificirten System *Arnoux* eingerichtet, d. h. so, dass dieselben für Schwer- und Leicht-Verwundete gebraucht werden konnten, und stellen eine Modification der früheren, ebenfalls Voitures *Arnoux* genannten Ambulancewagen dar, die gesondert für Schwer- oder Leicht-Verwundete eingerichtet waren.

Der Bericht des Baron *Larrey* über 1857 hatte die früheren Wagen hart getadelt, es wurden daher zuerst 1858 Versuche mit den jetzt eingeführten Voitures *Arnoux* gemacht.

Die Ambulancewagen nach dem modificirten System *Arnoux* sind zweispännige auf Druckfedern ruhende Wagen, deren zwei Thüren sich nach hinten öffnen. Den ganzen Fond eines solchen Wagens nahmen zwei lange mit ledernen Polstern bedeckte Bahren (banquette-brancard) ein, die so lang sind, dass ein mittelgrosser Mann bequem ausgestreckt liegen kann. Diese Polsterbahren stehen auf zwei Rahmen, die so hoch sind, dass jemand mit herunterhängenden Füssen auf denselben sitzen kann. Eine solche Bahre hat als unteren Theil einen Holzrahmen, mit Gurten bespannt, unten mit vier Rollen, die auf dem Rahmen im Wagen beim Einschieben laufen. Vier, (zu je zwei und zwei) an den beiden kurzen Seiten des Rahmens schräg einschiebbar angebrachte Tragestäbe dienen als Handgriffe beim Aufheben der Bahre. An beiden Seiten dieses Rahmens sind zwei zum Aufklappen eingerichtete Seitenstücke (aus Eisenstäben mit Gurten) angebracht, durch deren in die Höhe klappen die Bahre um einen Fuss im Ganzen breiter gemacht wird und die in ihrer aufrechten Stellung durch Haken festgehalten werden. Dieselben reichen bis zum Kopftheil der Bahre. Derselbe bildet eine besondere einzuklappende Lehne, ebenfalls aus Eisenstangen mit Gurten gearbeitet, an den Seiten zwei flügelartige Ansätze, die ganz so wie die ebenbesprochenen Seitenstücke zum Breitermachen des Kopftheiles berechnet sind. Das Kissen, welches diesen ganzen Rahmen bedeckt, ist von Leder und gut gepolstert; ein Theil von der Breite der Seitenflügel ist ebenfalls zum Aufklappen eingerichtet. Soll der so eingerichtete Wagen zum Transport von Schwerverwundeten benutzt werden, so wird die ganze Bahre herausgezogen, die Seitenstücke werden aufgeklappt, die Lehne in die Höhe gerichtet, ihre Seitentheile aufgeklappt und auf das Ganze das ebenfalls ausgebreitete Kissen gelegt, das vollständig alle Theile der Bahre bedeckt. Nun wird der Verwundete hierauf gelegt und die Bahre auf ihren Rollen auf den Rahmen eingeschoben. Der Raum zwischen beiden Seitensitzen, sonst für die Füsse der leicht Verwundeten bestimmt, wird durch die aufgeklappten Seitenstücke eingenommen. Sollen hingegen leicht Verwundete transportirt werden, so lässt man den Wagen wie er ist, d. h. die Seitenstücke bleiben eingeklappt auf dem Rahmen liegen, ebenso die Kopflehne mit ihren Seitentheilen. Der Einschlag des Lederkissens liegt an der Rückenseite, die ganze Länge des Wagenfonds entlang. — Vorn befindet sich an diesem Wagen über dem Kutschersitz noch ein hohler viereckiger Raum der zum Unterbringen von Effecten bestimmt ist, besonders für Pferdegeschirre, unten läuft ein langer Kasten, der vier Bahren aufnimmt. Licht erhält dieser Wagen durch zwei bogenförmige Seitenfenster mit Rohrgeflechten und zwei Fenster in den Thüren, für Luft sollen ausserdem zwei an der Decke angebrachte schornsteinartige Oeffnungen Sorge tragen.

 Dies sind die jetzt in der französischen Armee adoptirten Wagen, die an Stelle der früheren getrennten Wagen für Schwer-

oder Leicht-Verwundete getreten sind. Die letzteren Sorten habe ich auch noch im Lager mehrfach gesehen. Die Wagen für Leicht-Verwundete sind kleine Omnibus, für 8 Personen im Innern berechnet, die namentlich den Transport der Reconvalescenten vom Hôpital du centre zu ihren Truppentheilen besorgten. Die Wagen für Schwer-Verwundete waren ganz ähnlich den unsrigen, nur für zwei Bahren eingerichtet, so dass keine Leicht-Verwundeten untergebracht werden konnten. Ich gehe nicht näher auf diese Wagen ein, da dieselben durch die modificirten Voitures *Arnoux* verdrängt sind. Auch einen bei Solferino erbeuteten Oesterreichischen Krankenwagen sah ich dort, der für zwei Schwer-Verwundete eingerichtet, von den beiden Seiten zugänglich war. Bei den Manövern erinnere ich mich nur diese nach dem modificirten *Arnoux*schen System gebauten Wagen gesehen zu haben.

Was nun den Werth und die Brauchbarkeit der Wagen nach dem modificirten *Arnoux*schen System betrifft, so war das allgemeine Urtheil der fransösischen Militair-Aerzte dahin gehend, dass dieselben zwar sehr elegant und ingeniös eingerichtet seien, aber besonders zwei Nachtheile böten. Einmal seien dieselben zu niedrig; durch den Umstand, dass die Bahre auf einem Rahmen aufliegt, (um bei aufrechtsitzenden Leicht-Verwundeten den für die Füsse nöthigen Platz zu gewinnen) wird der Verwundete bei aufgeklappter Lehne fast dicht unter das Dach des Wagens mit dem Kopfe gebracht und kann sogar an dasselbe anstossen. Ich habe, als ich mich selbst in einen solchen Wagen legen liess, diesen Einwurf vollständig bestätigt gefunden, und kann nur noch hinzufügen, dass auch nur ein mittelgrosser Mann vollständig ausgestreckt liegen konnte; besonders lange Personen konnten nur gekrümmt liegen. Der zweite Vorwurf gegen diese Wagen liegt darin, dass bei vollständigem Aufklappen der Bahren beide eine Fläche ohne Zwischenrand bilden, daher die Verwundeten, wenn der Wagen schief geht, leicht einer auf den andern rollen. Mangel an Luft und Licht betonten die Aerzte auch noch, ich glaube dies auch vollständig; bei geschlossenen Thüren muss in diesen Wagen eine drückende Hitze herrschen. Wenn man auch alle diese Nachtheile zugiebt, so scheint mir doch diese Art der Wagen eine ausserordentlich glückliche Realisirung der Idee eines Wagens für Schwer- und Leicht-Verwundete zu sein, indem die angegebenen Schwierigkeiten durch Aenderung der Construction leicht Abhülfe zulassen müssen.

Was die Leistungsfähigkeit dieser Wagen betrifft, so sind dieselben für zwei Schwer-Verwundete oder acht Leicht-Verwundete. Unter allen Umständen können noch drei Leicht-Verwundete auf dem breiten Bock Platz finden. Der zweispännige Wagen wird vom Sattel durch einen Train-Soldaten gefahren.

Fünf solcher Wagen waren bei den Manövern jederzeit gegenwärtig und wie ich schon erwähnte, einer für jede Division, einer für die Kaiserliche Suite. Bei jedem dieser Wagen befand sich ein Aide-major, der auf dem Bock vorne sass; ausserdem waren noch zwei Infirmiers bei demselben.

Bei den beiden Divisionen des rechten und linken Flügels befand sich je ein Caisson, dem ein Méd. major mit einem Korporal und sechs Infirmiers beigegeben war. Dieser Caisson ist ein grosser, überaus schwerer, vierspänniger Vorrathswagen, der in 21 Kästen resp. Körben das Verband-Material für 2000 Verwundete enthält.

Diese Wagen enthalten in einer sehr zweckmässigen Art der Verpackung die vollständigen Verbandgegenstände, Instrumente und Medicamente, um einen Verbandplatz resp. ein provisorisches Lazareth zu etabliren. Die Instrumente in denselben sind reichlich vorhanden, doch fehlten noch Zahn- und Resectionsbestecke. Unter den Medicamenten fehlte der Liquor ferri sesquichlorat. Auch Transportmittel enthält ein solcher Wagen, indem 3 Bahren darin untergebracht sind, ferner einen Operationstisch, der auf zwei Kasten aufgestellt wird, mir jedoch zu kurz und zu schmal erschienen ist.

Das Gewicht dieser Wagen beträgt bei vollständiger Ausrüstung nicht weniger als 2000 Pfund. Auch die französischen Militair-Aerzte sind vollständig darüber einig, dass derselbe zu schwer ist. Das Auspacken und Einpacken dieses höchst inhaltschweren Wagens bildet einen Hauptgegenstand in der Ausbildung der Infirmiers. Im Lager habe ich dieses Manoeuvre de caisson nicht machen sehen — wohl aber in Val de Grâce in Paris und bin erstaunt gewesen über die Schnelligkeit und Sicherheit mit der das Aus- und Einpacken geschah; 4 Minuten genügten bei 6 Mann den Wagen vollständig abzupacken, in 3 Minuten waren die geschlossenen Körbe und Kasten, die Bahren, der Operationstisch wieder an Ort und Stelle, so dass der Wagen abfahren konnte.

Der Baron *Larrey* hat in seinem Rapport vom Jahre 1857 den Wunsch ausgesprochen, dass Manöver der Sanitätstruppen also z. B. das Aufschlagen der Verbandplätze im Anschluss an die Manöver geübt werden möchten. Wie ich mich überzeugt habe, ist dieser Wunsch nicht in Erfüllung gegangen.

Die Verwendung der Ambulancen und Caissons war folgende:

Jeder Ambulancewagen folgte in einer Entfernung von 500 Schritt, mit einer rothen Fahne auf dem Verdeck, der Division, der er beigegeben war. Man sagte mir, dass, wenn auch dies selbstverständlich nicht die Aufstellung der Ambulancen im Kriege bezeichnen könnte, doch die Generale durch diese Einrichtung auf die Ambulancen aufmerksam gemacht und an ihre Placirung erinnert werden sollten. Die Ambulancewagen ihrerseits hielten sich immer in dem angegebenen Abstande, und zwar möglichst der Mitte der manövrirenden Division entsprechend. Etwaige Kranke oder Verletzte wurden von dem Wagen aufgenommen. Der auf dem Wagen sitzende Aide-major ertheilte die erste Hülfe; die augenblicklich nöthigen Hülfsmittel wurden den sacs d'ambulance der Truppen entnommen. Sah der betreffende Fall nur einigermassen ernst aus, so wurde er direct nach dem Hospital gefahren.

Die beiden Caissons (bei jedem ein Méd.-major, 6 Infirmiers mit 1 Infirmier-major und 1 Officier contable) hielten sich bei den Flügel-Divisionen, jedoch wechselten dieselben weniger ihren Standort. Der Abstand der Caissons von den manövrirenden Truppen betrug etwa 1000 Schritt. Die Caissons waren speciell zur Aushülfe mit Verband-Material bestimmt.

In Rücksicht darauf, ob die Ambulance-Tornister und Caissons vollständig mit dem nöthigen Inhalt versehen waren, wurden dieselben vor den grossen Manövern genau auf ihren Inhalt geprüft, und darauf gehalten, dass dieselben vollständig gepackt waren. Für den Inhalt der sacs d'ambulance waren die Truppen-Aerzte, für den der Caissons die Officiers contables verantwortlich.

Der Dienst der Aerzte bei den grossen Manövern wurde von der Intendance commandirt, welche die Zahl der Aerzte angab, die die Wagen und Caissons zu begleiten hatten. Die Bezeichnung der einzelnen Persönlichkeiten geschah durch den Méd. en chef. Zur Begleitung der Wagen wurden vornehmlich die Aerzte der Ambulancen und des Hôpital infirmerie, die nicht mit Kranken belegt waren, bestimmt.

Auch möchte ich auf einen Punkt aufmerksam machen, der für die Funktion der Aerzte von Wichtigkeit ist, nämlich die Uniform derselben. So practisch mir die Patrontasche mit dem Verbandzeuge erschienen ist, so wenig ist die sonstige Uniform zu einer freien Bewegung geeignet. Namentlich hindert der Chapeau claque, der wenigstens bei den Manövern getragen wurde. Die Mütze (Kepy) ist practischer, dieselbe wird auch im Felde aufgesetzt. Auch die Röcke der französischen Aerzte sind eng und wenig bequem; der goldgestickte Sammetkragen und die gestickten Achselklappen, die immer getragen werden, scheinen mir für den practischen Dienst zu kostbar. Die Degen wurden von den nicht berittenen Aerzten an einer ähnlichen Koppel, wie die unsrigen, jedoch über dem Rock getragen, die berittnen Aerzte trugen Schleppkoppeln und Stahlscheide.

Als einen besonderen und im Felde gewiss nicht zu unterschätzenden Vortheil möchte ich jedoch dieser Tracht nachrühmen, dass sie eine Verwechslung mit Officieren unmöglich macht, da sie gänzlich von dieser abweicht.

Die Aerzte, welche beritten waren, hatten sämmtlich gute Pferde und waren selbst sichere Reiter. Der Umstand, dass die Aerzte ihre Pferde ganz nach der Art der Officiere benutzen können, erklärt dies hinlänglich. Für alle Aerzte ist ein gleiches Zaumzeug (englische Sattel, rothe mit blau besetzte Ueberlegeschabracken) vorgeschrieben.

Die sonstige Stellung der Aerzte, die ja (mit der einzigen äusseren Zurücksetzung, dass sie kein Porte-epée tragen) ganz den Officieren gleich stehen, schliesst jede Benachtheiligung in diesem, für den praktischen Sanitätsdienst im Felde so wichtigen Punkte aus.*)

---

*) Es mag hier eine kurze Uebersicht des Ranges und Gehaltes der französischen Militair-Aerzte Platz finden.

Zahl der Stellen.	Charge.	Rang.	Gehalt in Preuss. Thalern.	
			Garde.	Linie.
7	Inspecteur.	Brigade-General . .	3333½	2666⅔
40	Principal 1. Classe . .	Oberst	2416	1666⅔
40	Principal 2. Classe . .	Oberst-Lieutenant .	2049¼	1413⅓
260	Major 1. Classe	Bataillons-Chef . .	1740	1200
300	Major 2. Classe	Hauptmann	1306½	786⅔
400	Aide-major 1. Classe .	Premier-Lieutenant	960½	523⅓
100	Aide-major 2. Classe .	Seconde-Lieutenant	880	480

Die Kriegsgehälter sind nur bei den Inspecteurs höher als die Friedensgehälter. Die in Paris stehenden Aerzte der Linie bekommen noch eine besondere Zulage, die für den Principal 1. Classe 3 Fr. 47 Cent., Principal 2. Classe 2 Fr. 94 Cent., Major 1. Classe 2 Fr. 50 Cent., Major 2. Classe 2 Fr. 4 Cent., Aidemajor 1. Classe 1 Fr. 75 Cent., Aide-major 2. Classe 1 Fr. 66 Cent. täglich beträgt. — Alle an den militair-ärztlichen und den militairischen Bildungs-Anstalten beschäftigten Aerzte erhalten ein Drittheil ihres Gehaltes als Zulage. — Als eine besondere Zulage sind noch die mit dem Orden der Ehrenlegion verbundenen Ge-

Anhang.

Der Sanitätsdienst auf dem Schlachtfelde.

Zu meinem aufrichtigen Bedauern habe ich bei den Manövern keine Cacolets und Litières, die eigenthümlichen Transportmittel der französischen Armee für die Schlacht, anwenden sehen, wie ich dies vorher gehofft hatte. Da die Wagen in der Schlacht in den Hintergrund treten, so wären Uebungen mit jenen Transportmitteln für mich von hohem Interesse gewesen.

Habe ich mir also danach, was ich bei den Manövern sah, auch kein vollständiges Bild des französischen Sanitätsdienstes bei einer Schlacht machen können, so habe ich mich doch danach bei den französischen Aerzten, speciell dem Baron *Larrey*, der mir immer die liebenswürdigste Auskunft ertheilte, erkundigt, und will versuchen, eine kurze Darstellung des französischen Sanitätsdienstes bei einer Schlacht im Anschluss an das, was ich sowohl gesehen, wie aus den betreffenden Reglements entnommen habe, zu liefern.

Ich schicke voraus, dass ein Zehntel des Effectivbestandes der Armee als die wahrscheinliche Zahl der Verwundeten vorausgesetzt wird. Drei Aerzte und fünf Infirmiers werden durchschnittlich auf 1000 Mann Effectivbestand als nothwendig erachtet. Auf 15,000 bis 18,000 Mann rechnet man ein temporäres Lazareth für 500 Verwundete.

Wäre das bei Châlons zusammengezogene Corps von 3 Divisionen Infanterie, 1 Cavallerie Division, 3 Regimentern Artillerie, dem nöthigen Genie, Train und Administrations-Truppen auf Kriegsstärke gewesen, so würde dasselbe aus circa 40,000 Mann bestanden haben. Für dieses Corps hätten im Falle der kriegsmässigen Ausrüstung an Sanitäts-Truppen vorhanden sein müssen:

3 Ambulancen für 3 Infanterie-Divisionen,
1 Ambulance für 1 Cavallerie-Division,
1 Ambulance beim Park der Reserve-Artillerie,
1 Ambulance beim General-Quartier des Corps.

---

hälter zu erwähnen, von welchem Orden das Commandeur-Kreuz den Inspecteurs, das Officier-Kreuz den meisten Principaux und einzelnen Majors 1. Classe, das Ritter-Kreuz dem grössten Theil der Majors und einzelnen Aide-majors verliehen ist. Die Gehälter betragen für das Commandeur-Kreuz 1000 Fr. = $266\tfrac{2}{3}$ Thlr., für das Officier-Kreuz 500 Fr. = $133\tfrac{1}{3}$ Thlr., für das Ritter-Kreuz 250 Fr. = $66\tfrac{2}{3}$ Thlr. jährlich.

Die einzelnen Ambulancen hätten sich in Bezug auf das ihnen zugegebene ärztliche Personal folgendermaassen zusammensetzen müssen:

Eine Ambulance für eine Infanterie-Division:
  1 Méd.-major 1. Classe
  2 Méd.-majors 2. Classe
  4 Aide-majors
  3 Infirmiers-majors
  17 Infirmiers ordinaires.

Die Ambulance für die Cavallerie-Dvision:
  1 Méd.-major 2. Classe
  4 Aide-majors
  2 Infirmiers-majors
  8 Infirmiers ordinaires.

Die Ambulance des Parks der Reserve-Artillerie hat dieselbe Stärke wie die der Cavallerie-Division.

Die Ambulance beim General-Quartier des Corps (ich nehme an, dass es sich nicht um das grosse General-Quartier, dem eine ganz besonders bedeutende Ambulance zugegeben ist, handelt) ist nach der Norm von einer Infanterie- und einer Cavallerie-Ambulance zusammengesetzt, ohne das dadurch eine durch die Umstände gebotene Vermehrung derselben ausgeschlossen wäre.

Das ärztliche Personal derselben besteht danach aus:
  1 Méd. principal (beim General-Commando)
  4 Méd.-majors
  8 Aide-majors.
  5 Infirmiers-majors
  25 Infirmiers ordinaires.

Es beträgt demnach das gesammte ärztliche Personal für eine Armee von 40,000 Mann bei den Ambulancen:
  1 Méd. principal
  15 Méd.-majors
  28 Aide-majors
  18 Infirmiers-majors
  92 Infirmiers ordinaires.

An Truppen-Aerzten würden zu diesem Personal hinzukommen:
Für jedes Infanterie-Regiment:
  1 Méd.-major 1. Classe
  1 Méd.-major 2. Classe
  1 Aide-major
also für 12 Infanterie-Regimenter:

12 Méd.-majors 1. Classe
12 Méd.-majors 2. Classe
12 Aide-majors.

Für 3 Jäger-Bataillone à 1 Méd.-major 2. Classe und 1 Aide-major:
3 Méd.-majors 2. Classe
3 Aide-majors.

Für 4 Cavallerie-Regimenter à 1 Méd.-major 2. Classe und 1 Aide-major:
4 Méd.-majors
4 Aide-majors.

Für 3 Regimenter Artillerie à 1 Méd.-major 1. Classe, 1 Méd.-majors 2. Classe und 1 Aide-major:
3 Méd.-majors 1. Classe
3 Méd.-majors 2. Classe
3 Aide-majors.

Genie: 1 Aide-major.
Train des Equipages: 1 Aide-major.
Die Summe der Truppen-Aerzte hätte also betragen müssen:
15 Méd.-majors 1. Classe
22 Méd.-majors 2. Classe
25 Aide-majors
62 Aerzte.

Fügt man diese zu den 44 Aerzten der Ambulancen, so hätten also für das Armee-Corps in Summa 106 Aerzte im Felde vorhanden sein müssen.

Die nöthigen Verbandmittel, Instrumente und Medicamente liefern die Caissons, die Cantines d'infirmerie régimentaire die Sacs d'ambulance und Saccoches.

An Verbandmitteln hat jede Infanterie-Division vorschriftsmässig 10,000 Verbände bei sich, die auf 5 Caissons per Division (jeder zu 2000 Verbänden) vertheilt sind. Die viel schwächere Cavallerie-Division ist mit 3 Caissons (also mit 6000 Verbänden) versehen, ebenso die Ambulance des Parks der Reserve-Artillerie.

Die Reserve-Ambulance beim General-Quartier führt 5 Caissons bei sich, hat also ebenfalls über 10,000 Verbände zu disponiren.

Für die Operationen im ungünstigen Terrain, wo die schweren Wagen nicht passiren können, vertheilt man den Inhalt derselben in Kasten, cantines d'ambulance, die auf dem Rücken von Maulthieren transportirt werden. Diese Kasten zerfallen in Cantines de chirurgie (einige nothwendige Medicamente, Verbandmittel, Instrumente) Cantines de pharmacie (Medicamente, Apotheken-Utensilien) und Cantines d'administration (Büreau-Utensilien, Wäsche etc.). Eine Divisions-Ambulance der Infanterie füllt 8 Cantines de chirurgie und 4 Cantines de pharmacie.

Bei den Truppen würden zu diesen Hülfsmitteln der Ambulancen noch die Cantines d'infirmerie régimentaire, die Sacs d'ambulance und Saccoches hinzutreten.

Die Cantines d'infirmerie régimentaire enthalten weitere Verbandgegenstände sowie ein Amputations-Besteck mit Kugelziehern.

Transportmittel.

Dieselben bestehen in Cacolets, Litièren und Bahren.

Für jede Infanterie Division:
10 Litières
20 Cacolets

Für die Cavallerie Division:
5 Litières
10 Cacolets

Bei der Ambulance der Reserve-Artillerie:
2 Litières
5 Cacolets

Beim General-Quartier:
15 Litières
30 Cacolets

Es ergiebt dies in Summe:
52 Litières
105 Cacolets,

so dass also bei gleichzeitiger Benutzung aller dieser Transportmittel 157 Verwundete auf einmal transportirt werden können. (Ein Maulthier trägt immer 2 Cacolets oder 2 Litièren. Zwei Maulthiere haben beim Linientrain einen Trainsoldaten als Führer, in der Garde hat jedes Maulthier einen besondern Führer.)

Das zweite Transportmittel bilden die Bahren, von denen drei in jedem Caisson sich befinden. Diese Zahl kann jedoch vermehrt werden, so dass im italienischen Feldzuge sich bei der Ambulance des General-Quartiers 50, bei jeder Infanterie-Divisions-Ambulance 40, bei jeder Cavallerie-Divisions-Ambulance 20 und 6 bei der Ambulance der Reserve-Artillerie befanden. Officiell enthält jeder Caisson (deren 5 für die Infanterie-Division, 3 für die Cavallerie-Division bestimmt sind) 3 Bahren, mithin sind in den 18 Caissons ohne eine besondere Vermehrung des Materials 54 Bahren enthalten.

Die vorhin besprochnen Krankenwagen jedes Systems sind für den Dienst auf dem Schlachtfelde nicht in Rechnung zu bringen, da sie mehr den Evacuationen der Kranken als dem momentanen Dienst auf dem Schlachtfelde dienen sollen. Es soll nur da von denselben Gebrauch gemacht werden, wo sich gebahnte Wege und ein leicht zu passirendes Terrain finden. In Rechnung kann jedoch dies Transportmittel für den Dienst auf dem Schlachtfelde nicht gezogen werden, eben so wenig wie etwanige requirirte Fuhrwerke, deren man sich natürlich vorkommenden Falles, wenn sie zu haben wären, bedienen würde.

Vergegenwärtigen wir uns jetzt die Art des Sanitätsdienstes, welche von dem eben besprochenen Personal mit seinen Hülfsmitteln ausgeführt werden würde.

Die Oberleitung des Sanitäts-Dienstes (speciell des Ambulance-Dienstes) liegt nach der französischen Organisation in den Händen der Intendance, welche die betreffenden Anordnungen über diesen Dienstzweig giebt, die Aerzte haben diesen unbedingt nachzukommen. Der Méd. en chef eines Armee-Corps giebt dabei den vorgesetzten Officieren der Intendance seinen technischen Beirath, — er kann zu dem bezüglichen Rapport des commandirenden Generals mit zugezogen werden, ohne jedoch officiell dazu berechtigt zu sein.

Bei einer Schlacht begleiten sämmtliche Truppenärzte ihre Truppentheile ins Feuer, woselbst sie dem verwundeten Soldaten die erste Hülfe leisten. Ich erinnere daran, dass die Truppen keine Infirmiers haben, mithin es diesen Aerzten völlig an gewandter Assistenz fehlt; der eine Mann, welcher den Ambulance-Tornister trägt, ist ihre einzige Hülfe und dieser Mann ist ohne technische Ausbildung. Wenn deshalb schon nicht zu ersehen ist, wie diese Aerzte fast ganz auf sich angewiesen, viel für einen einfachen Verband leisten sollen, so ist noch weniger abzusehen, wie sie mit den in den Ambulance-Tornistern und Satteltaschen vorhandenen Amputationsbestecken thätig sein sollen. Dazu tritt noch der Uebelstand, dass diese Aerzte bei einem einzelnen Verwundeten zurückbleibend, leicht von ihrem Truppentheile getrennt werden und derselbe Gefahr läuft, die Aerzte ganz zu verlieren. Man räumte mir die Stichhaltigkeit dieser Einwände vollständig ein, wollte aber von der bei uns vom Herrn General-Arzt *Dr. Löffler* vorgeschlagenen Concentrirung der Aerzte zu Brigade-Verbandplätzen nichts wissen. Bei diesem Arrangement, meinten die französischen Collegen, würden sie sicher von ihren Truppentheilen getrennt und nicht leicht dieselben wiederfinden. Die Officiere, mit denen ich sprach, hoben immer das moralische Element hervor; sie meinten, wenn auch die Aerzte nicht viel leisteten, so dürfe man die Truppen nicht eines so wesentlichen moralischen Elements, wie der Anwesenheit des ihnen bekannten Arztes, berauben. Ich möchte fast den letztern Grund für den hauptsächlichsten halten.

Kommen die Aerzte hierbei doch von ihrem Truppentheile ab, so sollen sie sich der nächsten Divisions-Ambulance anschliessen und dort mit thätig sein. Im Fall des Rückzuges sollen die Aerzte nach *Legouest* (dessen Werk officielles Lehrbuch in der Ecole d'application ist) den eignen Truppen folgen und die Verwundeten ihrem Schicksal überlassen.

Die Thätigkeit der Ambulancen wird von der Intendance bestimmt, welche denselben auch ihre Aufstellung anweist. Jede Divisions-Ambulance folgt zunächst ihrer Division.

Die Ambulance theilt sich selbst in die active Division und die Reserve-Division, welche letztere zwei Caissons mit Verwaltungs-Personal in sich schliesst; das ganze ärztliche Personal gehört der activen Division an. Die active Division zerfällt wieder in eine fliegende und eine Depôt-Abtheilung. Die active Abtheilung geht vor und fasst dann in der Nähe des Schlachtfeldes, womöglich in einem Gebäude einen festen Standpunkt, wo sie nicht dem Feuer ausgesetzt ist. Sie wird hier durch eine rothe Fahne bezeichnet. Von hier aus geht die fliegende Abtheilung unmittelbar hinter die kämpfenden Truppen und zwar besteht dieselbe aus 2 Aerzten, 1 Officier d'administration und einer entsprechenden Anzahl von Infirmiers; dieselbe führt eine verhältnissmässige Zahl von Cacolets und Litièren mit sich. Diese Transportmittel sind angewiesen, die Verwundeten zum Depôt zu schaffen; aus dem Feuer selbst werden die Verwundeten durch ihre Kameraden gebracht, da die Franzosen keine Sanitäts-Compagnien haben. Dieser Umstand wurde mir als ein besonderer Mangel bezeichnet, da derselbe häufig genug geeignet ist, eine Truppe wesentlich zu schwächen; es giebt diese Einrichtung schlechten Leuten die beste Gelegenheit den Mangel an Muth durch Begleitung der Verwundeten zu verdecken. *Legouest* führt an, dass zuweilen sechs Mann einen leicht Verwundeten gebracht hätten, der eben so gut marschirte, als sie selber. Man hat deshalb mehrfach auf Abhülfe gesonnen; im italienischen Feldzuge versuchte man solche Compagnien aus den disponiblen Musikern der Truppen zu bilden, die natürlich ohne alle nöthigen Eigenschaften für diesen schwierigen Dienst waren. Man hat deshalb mehrfach auf die Einrichtung eigentlicher Sanitäts-Compagnien gedrungen. *Legouest* macht den Vorschlag, die Zahl der Infirmiers so zu formiren, dass statt 10 und 20 Infirmiers 80 und 100 Infirmiers einer Ambulance beigegeben würden, die völlig zu dem Zweck des Krankentragens einexercirt wären. Dies wären ungefähr sowohl nach der Stärke (circa 80 Mann per Division) wie nach der Verbindung mit den Ambulancen unsere Krankenträger-Compagnien. Auch der Baron *Larrey* hat dieselbe Einrichtung lebhaft befürwortet.

Die aus dem Feuer geschafften Verwundeten werden nun mittelst der Litièren und Cacolets nach dem Depôt geschafft, welchem nach Detachirung der fliegenden Abtheilung 5 resp. 3 Aerzte verblieben waren. Beim Depôt wird zunächst nur ein Caisson von den vorhandenen abgepackt, um für etwanige Ortsveränderungen keine Zeit zu verlieren. Zur Stärkung giebt man den ankommenden Verwundeten Getränke aus verdünntem Branntwein oder Zuckerwasser.

Hier werden die für einen weitern Transport nothwendigen Operationen gemacht, bei denen die Aerzte durch die ihnen übrig gebliebenen Infirmiers unterstützt werden.

Bei dem Depôt der Ambulance vereinigt man alle disponiblen Transportmittel, um die Verwundeten sobald als möglich in das nächste provisorische Hospital zu schicken. Hier würden demnach die Voitures *Arnoux*, sowie alle sonst requirirten Wagen zusammengezogen, die von hier aus für die Unterbringung der Kranken im provisorischen Hospital verwendet werden.

Als einen ganz besonderen Vortheil bei dieser Art des Sanitätsdienstes in den Schlachten glaube ich die Existenz der Reserve des General-Quartiers betrachten zu dürfen, welche nach obiger Uebersicht aus 12 Aerzten mit 30 Infirmiers und dazu 15 Litières und 30 Cacolets besteht, womit nicht gesagt sein soll, dass dieselbe nicht noch bedeutend erhöht werden könnte. Da es sich gar nicht vorher berechnen lässt, ob diese oder jene Division nicht ganz besonders viel verlieren wird, so muss ein solches Reserve-Corps, wenn die etatsmässigen aerztlichen Kräfte nicht ausreichen, von hohem Werthe sein. Die Centralisation in der Oberleitung erleichtert die Verwendung einer solchen Reserve ausserordentlich, man kann von derselben kleine oder grössere Abtheilungen mit Transportmitteln detachiren und dadurch wesentlich die Hülfe für die Verwundeten vermehren. Unter Zuziehung des Chef-Arztes der Armee werden diese Detachirungen durch die Intendance angeordnet.

Versuche des *Dr. Martrez*.

Ich habe schliesslich noch besonderer Versuche zu erwähnen, die ich im Lager von Châlons gesehen habe.

Wie ich bei dem Passus über den Transport der Verwundeten aus dem Feuer erwähnt habe, liegt dieser in den Händen der Soldaten selbst, die denselben bewerkstelligen so gut es eben geht. In der französischen Armee giebt es ein sogenanntes Tente d'abri, eine eigenthümliche Art von Zelten, die aus einem Stück dichten Zeug mit 4 dazugehörigen Pfählen gebildet werden, welche Gegenstände mit zum Gepäck der Soldaten gehören. Unter einem solchen Zelt finden 3 Soldaten Platz. Der Méd. major 2. Classe *Dr. Martrez* vom 91. Linien-Regiment hat nun in einer sehr ingeniösen Art eine eigenthümliche Methode angegeben, dieses Tente d'abri zu den manigfachsten Arten eines Transportmittels zu verwenden. Es können demnach aus einem Tente d'abri Bahren wie Sessel für verschiedene Stellungen des Verwundeten gebildet werden. Als Tragestäbe sind sowohl diese Pfähle wie Waffen zu verwenden, die durch Taschen in dem Zeuge durchgesteckt werden. Die Befestigung des Zeuges geschieht durch Knebelknöpfe; Schlingen um den Hals der Träger erhalten die Lehnen aufrecht. Mehrere solcher Tentes d'abri zusammengeknöpft bildeten ein Infirmerie-Zelt. Ein solches Tente d'abri konnte auch als Mantel verwendet werden, unter dem ein Soldat sein sämmtliches Gepäck wie seine Waffen lassen konnte.

Das Zeug, welches *Dr. Martrez* bei diesen Versuchen verwandte, war ganz eigenthümlich, es war ein sehr dicker grauer Stoff, zwar perspirabel, dabei aber doch wasserdicht, man sah die Poren, welche den Stoff durchdrangen, das Wasser lief jedoch an demselben ab.

Die Commission, welche schon in Paris dies höchst ingeniös ausgedachte Verfahren geprüft hatte, hatte sich nicht dafür ausgesprochen. Die Gründe waren nach *Legouest* die geringe Bequemlichkeit der so geschaffnen Transportmittel; hauptsächlich war es wohl die zu grosse Schwierigkeit für die Soldaten, die richtige Verwendung der betreffenden Materialien zu erlernen.

Sowie *Dr. Martrez* die Metamorphosen seines Tente d'abri zu Stande brachte, musste man dem Verfahren einen entschiedenen Werth zuerkennen. Ich weiss nicht, ob er auch dazu gekommen ist, sein Verfahren dem Kaiser vorzuführen — es war dies der Zweck seiner Anwesenheit im Lager.

Zum Schlusse dieses Aufsatzes kann ich nicht umhin, der überaus zuvorkommenden Aufnahme zu gedenken, welche ich bei den französichen Militair-Aerzten gefunden habe. Wenngleich mir auf die hohe Verwendung der Preussischen Gesandtschaft in Paris (die ich der Güte des Herrn General-Stabs-Arztes der Armee verdankte) durch das Französische Kriegs-Ministerium die formelle Autorisation zum Besuch des Lagers von Châlons ertheilt worden war, so ging die Aufnahme von Seite der französischen Collegen wie Officiere weit über die formelle Höflichkeit hinaus. Es wurde mir hierdurch allein möglich, mit den Einzelheiten der Einrichtungen, wie des Dienstes bekannt zu werden, wozu speciell die Gewährung eines Pferdes, das ganz zu meiner Disposition stand, von Seite des Marschall *Baraguay d'Hilliers* wesentlich beitrug.

Die Herren Collegen, deren Namen ich im Vorwort erwähnte, mögen mir nochmals gestatten, ihnen meinen herzlichen Dank für die freundliche mir gewährte Aufnahme auszusprechen, die mir immer eine angenehme Erinnerung bleiben wird. —

II.

Ueber das Medicinal-Wesen

der

Königlich Belgischen Armee

mit

besonderer Rücksicht

auf die

Medicinal-Verpflegung.

Der Entwicklungsgang, den das Militair-Medicinal-Wesen in den einzelnen Staaten genommen hat, steht fast immer im engen Zusammenhange mit den geschichtlichen Ereignissen. Grosse Kriege, bei denen eine unabweisbare Vermehrung des Sanitätspersonals zur gebieterischen Forderung wird, haben in der Regel mehr für einen zeitgemässen Ausbau dieses so wichtigen Zweiges gethan, als die klarsten Denkschriften vermochten. Freilich war es dann das Elend, die Nackenschläge einer früheren mangelhaften Organisation, die die zeitgemässen Verbesserungen herbeiführten. Beispiele hierfür bieten uns *England* und *Frankreich*, welche beiden Staaten 1858 und 1859 eine eingreifende Reform ihres Militair-Medicinal-Wesens vornahmen, die ihnen der Krim-Krieg, Indien und für Frankreich auch der bevorstehende italienische Krieg dringend geboten. Eine um so erfreulichere Erscheinung ist es, einem Lande zu begegnen, welches ohne einen solchen äusseren Druck dem Militair-Medicinal-Wesen eine befriedigende Stellung eingeräumt hat. Ein solches Land ist Belgien. Ohne Kriege, ohne das selbstverschuldete Elend der Verwundeten nach grossen Schlachten, hat Belgien im Wege der friedlichen Entwicklung sein Militair-Medicinal-Wesen in einer Weise eingerichtet, die ohne Zweifel dem vieler anderer Staaten zum Vorbilde dienen kann. —

Die jetzige Organisation des Militair-Medicinal-Wesens in Belgien stammt bereits aus dem Jahre 1847. Belgien war das erste Land, welches diesen Dienstzweig eingreifend reorganisirte — unmittelbar auf Belgien folgte Hannover. —

Das Corps des Officiers de santé

der belgischen Armee zerfällt in drei Hauptklassen:

    die Aerzte,
    die Pharmaceuten und
    die Thier-Aerzte.

An der Spitze des ganzen Militair-Medicinal-Wesens steht der General-Inspecteur, welcher direct dem Kriegsminister untergeordnet ist. Unter dem General-Inspecteur stehen die Chefs des pharmaceutischen und des Veterinairdienstes.

Rang-Verhältnisse.

Schon seit 1847 ist eine Assimilation der Officiers de santé mit den Officieren eingeführt und zwar finden auf dieselben alle Verhältnisse Anwendung, welche für die Officiere gleichen Grades gelten. Die einzige Ausnahme besteht darin, dass die Officiers de santé nicht Beisitzer von Kriegsgerichten sind. Das Corps der Officiers de santé ist folgenden Rangstufen in der Armee assimilirt:

Aerzte.

1 Inspecteur général — General-Major.
1 Méd. en chef — Oberst.
3 Méd. principaux — Oberst-Lieutenant.
7 Méd. de garnison — Major.
28 Méd. de régiment — davon die ältesten 10 Major, die 18 übrigen Hauptmann 1. Classe.
31 Méd. de bataillon de 1. Classe — Hauptmann 2. Classe.
38 Méd. de bataillon de 2. Classe — Lieutenant.
20 Méd. adjoints. — Sous-Lieutenant.

Pharmaceuten.

1 Pharmacien principal — Major.
8 Pharmaciens de 1. Classe — Hauptmann.
12 Pharmaciens de 2. Classe — Lieutenant.
10 Pharmaciens de 3. Classe — Sous-Lieutenant.

Thier-Aerzte.

1 Inspecteur vétérinaire — Major.
11 Vétérinaires de 1. Classe — Hauptmann.
10 Vétérinaires de 2. Classe — Lieutenant.
5 Vétérinaires de 3. Classe — Sous-Lieutenant.

Sämmtliche Grade stehen dem Etat major (Artillerie und Genie) gleich. Bei gleichem Rangverhältniss rangiren die Aerzte vor den Pharmaciens und Vétérinaires.

General-Inspecteur des gesammten Sanitätsdienstes ist seit 1830 *Dr. Vleminckx*, Chef des pharmaceutischen Dienstes seit 1855 *Dr. Pasquier* (zugleich Chef der Pharmacie centrale zu Antwerpen) Chef des Veterinair-Dienstes seit 1863 *Dr. Marcoux*.

Geschäfts-Vertheilung.

Den Geschäftskreis der einzelnen Grade betreffend, so ist in der belgischen Armee die Trennung in Hospital- und Truppen-Aerzte eingeführt. Die Chef-Principaux- und Garnison-Aerzte dirigiren den Hospitaldienst, während die Regiments- und Bataillons-Aerzte den Truppen angehören. Die Méd. adjoints thun in den Hospitälern Dienst.

Der Méd. en chef (*Dr. Merchie*, dem die Chirurgie die Einführung der Attelles modelées verdankt) ist für das Hospital in Brüssel; die drei Principaux für die Hospitäler in Antwerpen, Gent und Lüttich; die Garnison-Aerzte für die sechs Hospitäler in Mons, Tournay, Brügge, Mecheln, Namur und Löwen. Ein siebenter ist der Administration centrale attachirt. — Diese Aerzte sind in ihren Garnisonen die Chefs des ärztlichen Dienstes; auch die Truppen-Aerzte sind ihnen subordinirt.

Die Truppen-Aerzte versehen den Dienst bei den einzelnen Truppentheilen und zwar sind die Bataillons-Aerzte den Regiments-Aerzten direct untergeordnet, welche ihrerseits vom Oberst ihre Befehle erhalten. Die Regiments-Aerzte leiten die Infirmerie; bei ihren Visiten können sie die Gegenwart der Bataillons-Aerzte, falls diese keinen andern Dienst haben, verlangen. Die Méd. adjoints sind speciell für den Wachtdienst in den Lazarethen bestimmt, wo sie den Chef-Principal- und Garnison-Aerzten zu assistiren haben.

Im Allgemeinen ist die ärztliche Thätigkeit der Militair-Aerzte in Belgien officiell weiter ausgedehnt als bei uns. Die Militair-Aerzte haben folgende Personen umsonst zu behandeln:

1) Alle Militair-Personen und solche Personen, die ihnen gleich geachtet werden — Aumôniers, Employés, Infirmiers der Hospitäler mit ihren Frauen und Kindern.
2) Alle activen und inactiven Officiere und diesen gleichstehende Militair-Beamten.
3) Die Frauen, Kinder und Dienstboten der letzteren mit Ausnahme der verheiratheten Kinder derselben.
4) Frauen und Kinder der Unterofficiere und Soldaten.

Auch die Gefängnisse sind grösstentheils mit Militair-Aerzten besetzt.

Ausserdem haben die Militair-Aerzte die Sorge für die Hygiéne bei den Truppentheilen, deren Chefs sie vorkommenden Falls die nöthigen Maassnahmen an die Hand geben. —

Die Militair-Aerzte bei den Truppen sind folgendermaassen vertheilt:

1 Regiment der Carabiniers (4 Bataillone, 1 Depôt-Bataillon)
 1 Reg.-Arzt, 4 Bataillons-Aerzte.
2 Regimenter Chasseurs à pied. (3 Bataillone, 1 Depôt-Bataillon) je
 1 Reg.-Arzt, 3 Bataillons-Aerzte.
12 Regimenter Infanterie (3 Bataillone, 1 Depôt-Bataillon) je
 1 Reg.-Arzt, 3 Bataillons-Aerzte.
1 Regiment Grenadiere (3 Bataillone, 1 Depôt-Bataillon)
 1 Reg.-Arzt, 3 Bataillons-Aerzte.
Ecole de cavallerie von 2 Escadrons
 1 Bataillons-Arzt.
2 Regimenter Chasseurs à cheval (5 Escadrons, 1 Depôt-Escadron) je
 1 Reg.-Arzt, 1 Bataillons-Arzt.
4 Regimenter Lanciers (5 Escadrons, 1 Depôt-Escadron) je
 1 Reg.-Arzt, 1 Bataillons-Arzt.
1 Regiment Guiden (6 Escadrons, 1 Depôt-Escadron).
 1 Reg.-Arzt, 2 Bataillons-Aerzte.
4 Regimenter Artillerie je
 1 Reg.-Arzt, 1 Bataillons-Arzt.
1 Regiment Genie (2 Bataillone, 1 Depôt-Bataillon)
 1 Reg.-Arzt, 1 Bataillons-Arzt.

Die Kranken des Gensdarmerie-Regiments, das im ganzen Lande zerstreut ist, werden von den nächststehenden Militair-Aerzten oder Civil-Aerzten behandelt, ebenso wird es mit den Kranken der detachirten Batterien gehalten.

Von den Aerzten jedes Regiments befindet sich einer beim Depôt. Sind mehrere Depôts in einer Stadt, so wird nur ein Arzt für diese commandirt.

Einzelne Aerzte haben specielle Commandos; so ist der Méd. de bataillon 1. Classe *Dr. Hairion*, der bekannte Ophthalmologe, Dirigent des Augenkranken-Lazareths zu Löwen. In dieses Hospital werden alle schweren Augenkranken der belgischen Armee geschickt; ich fand dort im Ganzen 45, meist die schwereren Folgen von Granulationen. Leichtere Augenkranke werden in den einzelnen Hospitälern behandelt. Der Méd. de bataillon de 1. Classe *Dr. Leto* ist mit der Behandlung der pensionirten Officiere zu Brüssel beauftragt; der Méd. de bataillon de 1. Classe *Dr. van Esschen* Redacteur der Archives de médecine militaire; der Méd. de bataillon de 2. Classe *Dr. Janssen* dem hydrotherapeutischen Institut zu Brüssel attachirt, welches mit dem Garnison-Lazareth verbunden ist.

Recrutirung.

Dieselbe ist in der Weise eingerichtet, dass Studenten während ihrer Studienzeit in den Militair-Lazarethen der vier Universitätsstädte Brüssel, Lüttich, Löwen und Gent beschäftigt werden, und hier Unterricht erhalten. 36 dieser Studenten sind unbesoldet; nach Maassgabe ihrer Examina und der Anciennetät erhalten sie Sold (300 bis 650 Fr.) und zwar beträgt die Zahl der besoldeten Studenten 26, so dass im Ganzen 62 dieser Elèves médecins existiren. Bedingung für die Zulassung als Elèves médecins in wissenschaftlicher Beziehung ist, dass dieselben Candidaten en sciences sind.

Mit dem Zeitpunkt des Aufrückens zum Elève soldé haben sich diese Studenten zu einer sechsjährigen Dienstzeit — welche Verpflichtung jedoch mit der Anstellung als Méd. adjoint abläuft — zu verpflichten, werden von nun ab als gewöhnliche Soldaten in der Armee betrachtet, und irgend einem Regiment zugetheilt. Ein analoges Verhältniss findet bei den Pharmaciens statt, die ebenfalls nach den zweijährigen Studien als Elèves pharmaciens zugelassen werden. In Betreff des Ranges stehen die Elèves den Unterofficieren in der Armee gleich und tragen die aerztliche Uniform ohne Stickereien. Die Stellung derselben in den Lazarethen anlangend, so stehen sie unter dem Chef-Principal- oder Garnison-Arzt, der das Lazareth leitet oder in dessen Abwesenheit unter dem Méd. adjoint. Sie überwachen die Reinlichkeit der Säle und bringen etwaige Bemerkungen bei den vorgesetzten Aerzten zur Anzeige. Arzneien dürfen sie nur in dem Fall verschreiben, dass sie den Méd. adjoint vertreten. Sie werden nach und nach in den verschiedenen Stationen des Lazareths verwendet (Fiévreux, Blessés, Ophthalmiques, Vénériens); die Zeit, die sie auf jeder Abtheilung verbleiben, bestimmt der Chef-Arzt des Lazareths. Den klinisch gehaltnen Visiten wohnen sie als Assistenten bei, rapportiren über die Kranken, machen Verbände, kleine Operationen etc. Von den Visiten können sie nur vom Chef-Arzt dispensirt werden, um die Vorlesungen der Universität zu besuchen. Die Autopsien der Kranken ihrer Abtheilung müssen sie selbst machen und die Bemerkungen darüber niederschreiben. Sie haben ferner die Ordinationsbücher wie Krankenjournale zu führen, Verbandgegenstände etc. in Ordnung zu halten. Einmal wöchentlich müssen sie den pharmaceutischen Uebungen beiwohnen. Drei Monate nach ihrer Ernennung zum Elève soldé müssen sie mit der vorschriftsmässigen Verbandtasche versehen sein. Die Elèves pharmaciens stehen unter dem Pharmacien en chef oder dem Pharmacien de service, dem sie bei seinen Geschäften helfen.

Zu Anfang jedes Semesters haben die Elèves den Chef-Aerzten ein Verzeichniss der Collegia vorzulegen, die sie besuchen wollen, die Chef-Aerzte ihrerseits bestimmen, in welche Vorlesungen sie gehen können, ohne den Dienst zu vernachlässigen. In diesen sollen sie sich Notizen machen, die sie jeden Sonntag dem Chef-Arzt vorzulegen haben. Die Eleven müssen in der unmittelbaren Nähe der Hospitäler, denen sie attachirt sind, wohnen. Urlaub erhalten sie in der Zeit der Universitätsferien auf höchstens 14 Tage.

Es kann diesen Eleven auch ausser ihrem gewöhnlichen Dienst der Wachtdienst in den Lazarethen übertragen werden. Sie dürfen dann das Hospital nur verlassen, um ihre Vorlesungen zu besuchen. Wenn sie den Wachtdienst versehen, so stehen sie im Verhältniss eines Méd. adjoint oder Pharmacien 3. Classe und erhalten 300 Fr. Zulage.

In Disciplinarbeziehung werden sie wie Soldaten behandelt.

Es herrscht zur Zeit ein grosser Zudrang zum militairaerztlichen Dienst, so dass sämmtliche Stellen vollständig besetzt sind.

Avancement.

Die Elèves non soldés rücken zuerst zum Elève soldé auf. Officier de santé kann Niemand werden, der nicht Docteur en médicine, en chirurgie und en accouchement ist. Sind die Elèves soldés dies geworden (gewöhnlich nach 5 Jahren von ihrem Eintritt als Elève ab), so erhalten sie die erste Charge, des Méd. adjoint nach der Anciennetät. Mit dieser Ernennung ist eine neue Dienstverpflichtung von sechs Jahren verbunden, die jedoch nicht streng von Seite des Staates aufrecht erhalten wird.

Die Avancements zum Méd. de bataillon zweiter und erster Classe sollen halb nach der Ancienetät, halb nach Wahl stattfinden, ein besonderes Examen ist hierzu nicht nothwendig. (Ich bemerke hier, dass man mir in Belgien sagte, Avancements nach der Wahl — also ausser der Tour — kämen fast nie vor, es sei nur die Ancienetät maassgebend.) Zum nächsten Avancement zum Méd. de régiment haben die Méd. de bataillon noch ein Examen abzulegen, zu dem jedoch Niemand zugelassen wird, der nicht mindestens zwei Jahre Méd. de bataillon der 1. Classe gewesen ist. Dies Examen findet in Brüssel statt und zwar jährlich zu einer bestimmten Periode, die bekannt gemacht wird. Die Commission, welche jedesmal besonders durch das Kriegs-Ministerium ernannt wird, besteht aus 3—5 Mitgliedern; die Aufgaben werden durch das Loos vertheilt. Die Commission bestimmt in geheimer Abstimmung nach Majorität, ob die Candidaten bestanden haben oder nicht und stellt in ersterem Falle die Anciennetät fest.

Das Examen selbst besteht in folgenden Gegenständen:
1) Behandlung von sechs Kranken, die aus den innern, äussern, venerischen und Augenkranken genommen sind, mit Anfertigung der Krankengeschichten und der etwa nöthigen Sectionen.
2) Drei chirurgische Operationen am Kadaver oder am Kranken mit Motivirung der gewählten Methode.
3) Anlegung von wenigstens zwei Verbänden mit specieller Rücksicht auf Unterbindung.
4) Untersuchung zweier Militairpflichtiger mit besonderer Rücksicht auf ihre Dienstfähigkeit und speciell die Waffe, zu der sie tauglich sind.
5) Untersuchung von wenigstens zwei kranken Soldaten mit besonderer Rücksicht auf Aetiologie, Diagnose und Prognose sowie Ausstellungen der nöthigen Invaliditätszeugnisse.
6) Schriftliche Beantwortung von zwei Aufgaben über Anlegung und Einrichtung von Kasernen, Gefängnissen, Lagern.
7) Beurtheilung von Nahrungsmitteln des Soldaten mit Hülfe der chemischen Analyse. —

Für die Militair-Aerzte ist dies Examen das einzige Fach-Examen; die Pharmaciens und Vétérinaires haben jedoch zwei Examina zu machen, um zur zweiten resp. ersten Classe in ihren Branchen gelangen zu können.

Das Avancement zum Méd. de régiment sowie zu den höheren Stellen soll nur von der Wahl abhängen und die Anciennetät hier nicht mehr maassgebend sein, jedoch sind bestimmte Zeiträume vorgeschrieben, die jeder vor einem Avancement in der niedrigeren Charge gedient haben muss. Die Zeitabschnitte sind folgendermaassen festgestellt:

Ein Méd. adjoint muss zwei Jahr in dieser Charge dienen, bis er zum Méd. de bataillon 2. Classe ernannt werden kann. Dieselbe Zeit braucht der Méd. de bataillon 2. Classe zum Aufrücken in die 1. Classe und ebendieselbe der Méd. de bataillon 1. Classe bis zum Méd. de régiment. Zwischen dem Regiments-Arzt und Garnison-Arzt liegen dann 4 Jahre, dem Garnison-Arzt und Principal 3 Jahre, dem Principal und Chef-Arzt 2 Jahre, dem Chef-Arzt und General-Inspecteur 2 Jahre, so dass die geringste Dienstzeit, in der Jemand General-Inspecteur werden kann, 19 Jahre effectiven Dienstes im Corps de santé sind.

Für die Pharmaciens und Vétérinaires sind ebenfalls solche Zwischenräume festgesetzt; 2 Jahre liegen je zwischen der dritten, zweiten und ersten Classe, zum Principal sind drei Jahre Dienstzeit in der ersten Classe erforderlich, so dass hier sieben Jahre bis zum Principal genügen.

Gehalt.

Es ist für das Corps de santé höher, als in den meisten andern Ländern.

Die Gehälter der Militair-Aerzte betragen seit dem 1. Januar 1864:

Inspecteur général	12,700 Fr.	= 3386 $\frac{2}{3}$ Thlr.
Méd. en Chef	9500 „	= 2533 $\frac{1}{3}$ „
„ principal	7100 „	= 1893 $\frac{1}{3}$ „
„ de garnison	6300 „	= 1706 $\frac{2}{3}$ „
„ de régiment	6300 „	= 1706 $\frac{2}{3}$ „
(10 Aeltesten)		
„ de régiment	5100 „	= 1360 „
(18 Jüngsten)		
„ de bataillon de 1. Classe	4200 „	= 1120 „
„ de bataillon de 2. Classe	3250 „	= 866 $\frac{2}{3}$ „
„ adjoint	2500 „	= 666 $\frac{2}{3}$ „

Die Pharmaciens und Vétérinairs beziehen das Gehalt der Classen, denen sie gleich gestellt sind.

Pension.

Dieselbe ist folgendermassen normirt:

Rang	Pension de rétraite nach dem Dienstalter			Pension de rétraite wegen Verwundung oder Krankheit					Jährliche Pension der Wittwen und Waisen
	Mittlerer Satz nach 30 Jahren Dienstzeit	Steigt für jedes weitere Jahr um	Maximum nach 40 Jahren Dienstzeit	Amputation an zwei Gliedmassen oder Verlust des Sehvermögens	Amputation eines Gliedes oder Gebrauchs-Unfähigkeit eines oder zweier Gliedmassen	Verwundungen oder Krankheiten, die dienstunfähig machen vor erreichtem pensionsberechtigendem Alter			
						Minimum	steigt für jedes Jahr über 20 Jahre	Maximum bei 40 Jahren	
Inspecteur général	3750 Fr.	125 Fr.	5000 Fr.	7500 Fr.	5000 Fr.	2500 Fr.	125 Fr.	5000 Fr.	1700 Fr.
Méd. en chef	2400 "	80 "	3200 "	4800 "	3200 "	1600 "	80 "	3200 "	1100 "
Méd. principal	1875 "	62 Fr. 50 Ct.	2500 "	3750 "	2500 "	1250 "	62 Fr. 50 Ct	2500 "	850 "
Méd. de garnison } Major	1575 "	52 " 50 "	2100 "	3150 "	2100 "	1050 "	52 " 50 "	2100 "	750 "
Méd. de régiment									
Méd. de régiment (capitaine)	1275 "	42 " 50 "	1700 "	2250 "	1700 "	850 "	42 " 50 "	1700 "	650 "
Méd. de bataillon 1. Classe	900 "	30 Fr. "	1200 "	1800 "	1200 "	600 "	30 Fr. "	1200 "	450 "
Méd. de bataillon 2. Classe	750 "	25 " "	1000 "	1500 "	1000 "	500 "	25 " "	1000 "	430 "
Méd. adjoint									

Für die Pensionirung gelten folgende Grundsätze:

Die Militair-Aerzte aller Grade haben Anspruch auf ihre Pension de rétraite nach 40 Jahren Dienstzeit oder bei 55 Jahren Lebensalter. Die Dienstjahre zählen von der Ernennung zum Méd. adjoint ab; sechs Jahre werden auf die Studienzeit zugerechnet. Die Kriegsjahre zählen doppelt. Versetzung in Nicht-Activität (Krankheits oder dienstlicher Gründe wegen) wird nur als die Hälfte gerechnet. Verletzungen im Kriege geben unter allen Umständen Anspruch auf die Pension de rétraite, ebenso schwere Krankheiten, die die unmittelbare Folge des Dienstes sind.

Die Wittwen erhalten eine lebenslängliche Pension, wenn der Tod des Mannes im Dienst oder mittelbar durch denselben veranlasst ist, vorausgesetzt, dass die Ehe durch die Regierung autorisirt war. Die Kinder erhalten eine gleiche Pension wie die Mutter, für alle zusammen jährlich bis zum 21. Lebensjahre. Ausser dieser Pension bekommen die Wittwen und Waisen noch eine besondere Unterstützung aus einer Militair-Wittwen-Casse.

Ein Officier de santé erhält nur die Pension des niedern Grades, wenn er nicht zwei Jahre in seinem Range gestanden hat. Hat er zehn Dienstjahre in seinem Range, so steigt seine Pension um ein Fünftel des Betrages; zwanzig Jahre erhöhen dieselbe um ein Viertel; dreissig Jahre um ein Zehntel.

Amputation zweier Gliedmaassen giebt das Recht auf das Maximum der Pension, dem noch die Hälfte zugelegt wird. Vollständige Unbrauchbarkeit eines Gliedes giebt Anspruch auf das Maximum der Pension.

Für die Militair-Aerzte ist ein Rétraitealter festgesetzt, wo dieselben pensionirt werden, dasselbe beträgt:

Für die Méd. adjoints, Méd. de bataillon 1. und 2. Classe und die
    Méd. de régiment (Capitaines) . . . . 55 Jahre.
Für die Méd. de régiment (Major), und die Méd. de garnison und Principaux . . . . 58 „
Für den Méd. en chef . . . . 60 „
Für den Inspecteur général . . . . 63 „

Es ist jedoch Usus noch zwei Jahre zuzulegen.

Den Verlust der Pension ziehen entehrende Strafen, Verlust der Nationalität als Belgier und der Aufenthalt im Auslande ohne specielle Ermächtigung nach sich.

Die Uniform

der belgischen Officiers de santé ist bei allen drei Classen dunkelblau, jedoch tragen die Aerzte auf dem dunkelblauen Rock einen carmoisinrothen, die Pharmaceuten einen hellblauen, die Vétérinaires einen grünen Kragen. Die Röcke im französischen Schnitt mit zwei Reihen Knöpfen sind bequem gemacht. Die Distinctionsabzeichen sind am Kragen, der für die niedern Grade (vom adjoint bis Méd. de bataillon 1. Classe) eine Stickerei trägt, mit einem, resp. zwei oder drei Sternen; die höheren Grade (vom Méd. de régiment bis Méd. en chef) haben noch eine Tresse um die Stickerei und wieder ein bis drei Sterne. Der General-Inspecteur führt die Generalsabzeichen. An den Aermeln sind keine Stickereien; Epaulettes giebt es für die Officiers de santé nicht. Alle Officiers de santé tragen graue Beinkleider mit rothem Vorstoss, in Galla eine goldne Tresse. Die Capotmäntel von grauem Tuch tragen ebenfalls die Sterne als Abzeichen am Kragen.

Kopfbedeckungen sind dreieckige schwarze Filzhüte (à deux cornes) mit verschiedenem Besatz je nach den Graden, und blaue Mützen, die in Goldborten die Rangzeichen haben.

Als Waffe tragen alle Militair-Aerzte den Degen in Stahlscheide an einer Schleppkoppel über dem Rock, welche für den gewöhnlichen Dienst von schwarzem Leder, für Galla mit Goldtressen besetzt ist. Alle Grade haben das Officierporte-epée, der General-Inspecteur die Schärpe analog den Generalen.

Die belgischen Militair-Aerzte bis zum Méd. de régiment inclusive tragen die Patrontasche (Giberne) mit der Verbandtasche.

Die Patrontasche, in der die Verbandtasche enthalten ist, ist von Weissblech und wird an einem schwarzlackirten Riemen, der vorn mit einer vergoldeten Decoration versehen ist, von der linken Schulter zur rechten Hüfte getragen. Für gewöhnlich wird um den Riemen wie die Giberne ein Ueberzug von schwarzem Maroquin herumgelegt, der mit Knöpfen befestigt ist. Der Inhalt der Verbandtasche ist Folgender:

 2 grade Bistouris,
 1 convexes Bistouri,
 1 Paar grade Scheeren,
 1 Portepierre in Silber,
 1 einfache Pincette,
 1 Aterienpincette,
 1 Spatel,
 1 Hohlsonde,
 1 getheilte Sonde, (für Brust und Bauch),
 1 Knopfsonde,
 1 Oehrsonde,
 1 Zange zum Einführen der Mèches,

4 Lancetten,
1 Abscesslancette,
4 Nadeln zu Suturen.

Diese Verbandtasche enthält die einzigen Instrumente, welche sich die Aerzte auf ihre Kosten anschaffen müssen, alle übrigen etwa nothwendigen Instrumente werden vom Staat geliefert.

Hospital-Verwaltung.

Die Hospitäler werden von den betreffenden Chef-Aerzten in Bezug auf die medicinischen Angelegenheiten geleitet.

Für die Verwaltungs-Angelegenheiten ist ein sogenannter Directeur surveillant (in den Hospitälern erster und zweiter Classe meist ein pensionirter Officier) angestellt, der jedoch in keiner Weise in die ärztliche Sphäre sich mischen darf, so dass dieselbe nicht unter der Suprematie der Verwaltung zu leiden hat wie in Frankreich. Die hygienischen Maassregeln, die von den Aerzten für nothwendig befunden werden, müssen von der Verwaltung ausgeführt werden. Man unterscheidet drei Classen Hospitäler: die erste wird von einem Chef-Arzt und einem Directeur 1. Classe, die zweite von einem Principal oder Garnison-Arzt und einem Directeur 2. Classe, die dritte von einem Regiments-Arzt und einem Sous-Directeur geleitet. Letztere Classe bilden die Regiments-Infirmerien, die in den Casernen eingerichtet sind, aber ganz den Administrations-Principien der Hospitäler unterliegen. Die Directeurs stehen unter der Intendance und für medicinische Maassregeln in höchster Stelle unter dem Inspecteur général du service de santé. — Je nach der Grösse des Hospitals ist jedem derselben ein Pharmacien 1. oder 2. Classe beigegeben; die Pharmaciens 3. Classe stehen nicht selbstständig, sondern unterstützen die der höhern Classen. Alle Pharmaciens stehen unter den Chef-Aerzten.

Für die Beurtheilung der Nahrungsmittel ist eine aus den Chefs des ärztlichen und pharmaceutischen Dienstes sowie dem Directeur bestehende Commission niedergesetzt.

Aufsicht über den Sanitäts-Dienst.

Der General-Inspecteur des Sanitats-Dienstes inspicirt jährlich auf Befehl des Kriegs-Ministers in den Monaten Juli bis September sämmtliche Plätze des Königreichs. Er unterwirft hierbei die Hospitäler und Infirmerien einer speciellen Prüfung, wobei alle Momente berücksichtigt werden, die auf die Salubrität dieser

Etablissements Einfluss haben. Es gehören dahin die baulichen Anlagen mit Rücksicht auf ihre Verwendung, Ventilation, Temperatur, die Bäder, sowie alle für den Krankendienst in Betracht kommenden Utensilien; ferner die Pharmacie und die ökonomischen Theile, wie Wäschanstalt etc. Die Inspection erstreckt sich ferner auf sämmtliche Instrumente incl. der Verbandtaschen der Aerzte und die medicinischen Bibliotheken der Lazarethe. Der General-Inspecteur prüft ferner die exacte Ausführung des Krankendienstes selbst, sowohl von Seite der Aerzte wie Infirmiers, die Speisen und Kleidung der Kranken.

Es werden die Aerzte von Seite des General-Inspecteurs geprüft, wie es mit ihren Kenntnissen über militairische Hygiéne und die pharmaceutische Verwaltung der Lazarethe steht; dieselben haben Diagnosen an innern Kranken zu stellen, Verbände anzulegen und womöglich einige Operationen auszuführen.

Dem entsprechend haben auch die Conduiten-Listen der Sanitäts-Officiere folgende Rubriken:
1) Name.
2) Grad.
3) Führung im Allgemeinen.
4) Grad des Eifers für den Dienst.
5) Kenntnisse in Militair Hygiene, practischer und theoretischer Pharmacie.
6) Practische Kenntnisse in Medicin und Chirurgie.
7) Bemerkungen.

Sämmtliche Officiers de santé werden im Hospital versammelt und hier etwanige persönliche wie dienstliche Angelegenheiten besprochen. Die Inspection erstreckt sich auch auf die Truppen; der General-Inspecteur besucht die Casernen, Wacht- und Arrest-Locale und überzeugt sich, ob die Vorschriften der Hygiéne hier gewissenhaft beobachtet werden; er prüft auch die Nahrung und die Bekleidung der Soldaten. Bei diesen Visiten wird er von den Commandanten der Plätze, den Chefs der einzelnen Dienstzweige sowie den casernirten Militair-Aerzten begleitet. Die Commandanten setzt er von seiner Ankunft in Kenntniss, worauf sich dieselben bei seiner Visite im Hospital einzufinden haben.

Eine eigenthümliche Einrichtung besitzt das belgische Militair-Medicinal-Wesen an den wissenschaftlichen Conferenzen. Diese Conferenzen finden in allen den Garnisonen statt, wo wenigstens fünf Officiers de santé stehen, werden am letzten Montag des Monats zu einer passenden Zeit im Hospital abgehalten und dürfen nicht unter zwei Stunden dauern. Kein Officier de santé darf ohne dringende Veranlassung dispensirt werden; auch die Vétérinaires nehmen an diesen Conferenzen Theil. Ein vom Garnison-Arzte bestimmter Officier de santé führt über die in der Conferenz besprochenen Gegenstände das Protokoll, welches bis zum 10. des künftigen Monats an den General-Inspecteur eingereicht werden muss.

Die Gegenstände, über welche gesprochen wird, können beliebig ausgewählt werden; nach der Reihe, und zwar der Höchstgestellte zuerst, hat jeder einen Vortrag zu halten, über welchen debattirt wird. Aus diesen wissenschaftlichen Conferenzen schöpfen die Archives belges de médecine militaire einen grossen Theil ihres Stoffes, indem in diesen die Verhandlungen dieser Conferenzen publicirt werden.

Für das wissenschaftliche Leben unter den belgischen Militair-Aerzten ist auch durch die **Einrichtung medicinischer Bibliotheken in den grösseren Lazarethen** gesorgt. Die Aerzte der kleineren Lazarethe, welche keine Bibliotheken besitzen, können auf ihren Wunsch zweimal monatlich Sendungen aus den benachbarten grösseren Lazarethen erhalten; die Kosten des Transports trägt der Staat.

Hülfspersonal der Militair-Aerzte.

In den belgischen Lazarethen sind Infirmiers eingeführt, ausserdem versehen noch Soeurs de Charité die Krankenpflege in den Lazarethen zu Brüssel, Antwerpen und Lüttich. Die Infirmiers in der belgischen Armee werden aus freiwilligen Conscrits genommen, jedoch melden sich in der Regel nicht genug Freiwillige und es wird der Rest dann ausgehoben. Zunächst nimmt man die Infirmiers auf Probe; sind sie brauchbar, so werden sie in eine Compagnie d'administration eingestellt, deren vier existiren und die unter dem Befehl des Hospital-Directors (meist frühere Officiere) stehen. Die Zahl der Infirmiers für ein Lazareth ist nicht bestimmt, dieselbe kann auch vorübergehend, wenn die vorhandenen Infirmiers nicht genügen, durch commandirte Soldaten erhöht werden. Die Infirmiers gehören nur den Lazarethen an; bei den Truppen existiren keine.

Für die Sold-Verhältnisse giebt es unter den Infirmiers zwei Classen, eine erhält 1 Fr., die zweite 1 Fr. 10 Ct. täglich. Dieser Sold ist etwas höher als der der Soldaten. Die niedere dieser beiden Classen hat den Rang des Sergeant und die Beschäftigung als Portier, Tisanier oder Cuisinier; die höhere den Rang als Sergeant-major und die Beschäftigung als Magasinier, Dépensier,

Infirmier-major. Die am besten unterrichteten von diesen können mit schriftlichen Arbeiten beschäftigt werden und erhalten dann den Rang des Adjudant-major; sie können es aber auch weiter bringen und Director eines Hospitals werden, wo sie dann beziehungsweise, je nach dem das Hospital eines dritter, zweiter oder erster Classe ist, Sous-Lieutenants, Lieutenants oder Capitainsrang haben. In letzteren Stellungen sind jedoch gewöhnlich pensionirte Officiere.

Die Ausbildung der Infirmiers geschieht unter besonderer Aufsicht des Chef-Arztes des Lazareths nach einem sehr guten Leitfaden (von *Dr. Detienne*) in den Militair-Lazarethen in allen Zweigen der Krankenpflege und der kleinen Chirurgie. Ausser diesen Infirmiers werden jedoch noch in Antwerpen, Brüssel, Gent, Lüttich, Mons, Brügge, Löwen, Namur, Tournay und Mecheln von den dort garnisonirenden Infanterie-Regimentern 20 Mann jährlich im Ambulancedienst und dem Transport der Verwundeten ausgebildet. Dieser Unterricht findet wenigstens einmal wöchentlich statt und erstreckt sich auf folgende Gegenstände:

Herrichtung von Bandagen,
Assistenz bei der Einrichtung von Fracturen und Luxationen,
Vorsichtsmaassregeln beim Transport der Verwundeten,
Stillung von Blutungen.

Für die verschiedenen zum Transport der Kranken nöthigen Manöver ist eine besondere Instruction ausgearbeitet.

Die Ambulancen.

der belgischen Armee schliessen sich an die Formation derselben in vier Territorial-Divisionen an, welche zu Gent (Provinz Ost- und Westflandern) zu Mons (Provinz Hainaut und Namur) zu Lüttich (Provinz Lüttich, Limburg und Luxemburg) und zu Brüssel (Provinz Brabant und Antwerpen) ihre Stäbe haben. Die Divisions territoriales entsprechen nicht den tactischen Divisionen, deren sieben (vier Infanterie-, zwei Cavallerie-Divisonen und eine Artillerie-Division) existiren. Ich gehe auf die Formation der Ambulancen nicht specieller ein, da dieselben zur Zeit in der Organisation begriffen sind und den französischen sehr ähnlich werden sollen, über die ich bei Gelegenheit des Lagers von Châlons schon gesprochen habe. Als Transportmittel werden Tragen, Wagen (den französischen nach dem modificirten System *Arnoux* sehr ähnlich), Litières und Cacolets (nach dem Leitfaden des *Dr. Detienne*) gebraucht werden. Die Packung der den französischen Caissons entsprechenden Medicamenten- und Bandagen-Wagen, die in nur drei Kasten und drei Körben die Instrumente, Bandagen und Medicamente enthalten, erschien mir sehr vortheilhaft. Sanitäts-Compagnien besitzt die belgische Armee nicht; die Verwundeten müssen durch ihre Kameraden aus dem Feuer zum Verbandplatz gebracht werden, wozu der erwähnte Unterricht von Mannschaften der Infanterie gewiss eine gute Schule ist. Die Infirmiers gehören nur den Ambulancen an, die Truppen besitzen deren nicht — hier sind also die Aerzte wie in der französischen Armee nur auf die Träger der Ambulance-Tornister resp. Satteltaschen als Unterstützung angewiesen. — Die Ambulance-Tornister enthalten in vier übereinanderliegenden Fächern die Medicamente und Verbandstücke, oben befindet sich, wie bei den französischen, eine Blechrolle mit Instrumenten. Das Gewicht eines solchen Tornisters beträgt 15,60 Kilogrammes.

Die Medicinal-Verpflegung

der belgischen Armee geschieht von der Pharmacie centrale in Antwerpen aus, einem ausserordentlich grossartigen Institut, das wegen seiner Bedeutung vor Kurzem von Brüssel in die Festung Antwerpen verlegt worden ist. Dasselbe ist 1836 gestiftet. Dies Institut liefert alle Medicamente, Bandagen und Instrumente für das Militair-Medicinalwesen incl. die Ambulancen, die Gefängnisse und die Eisenbahnen. Director dieses grossartigen Instituts ist der Pharmacienprincipal der belgischen Armee Dr. *Pasquier*, ausserdem sind noch drei Pharmaciens, erster und zweiter Classe, ein Elève und vier Arbeiter beschäftigt. Alle Stoffe werden hier geprüft, ob sie rein sind, es ist daher unter den Pharmaciens ein besonderer Chemiker (1863 *Gosselin*). Von allen Stoffen sind Proben vorhanden, nach denen die Lieferungen beurtheilt werden; kein Stoff darf pulverisirt geliefert werden, um die Fälschungen zu vermeiden. Es werden auch einzelne Stoffe hier dargestellt, z. B. Höllenstein, ferner wird alles Pulverisiren etc. in der Anstalt selbst gemacht. Chinin wird bei der Lieferung besonders auf seinen Gehalt an Chrystallwasser untersucht, wovon es nicht mehr als 15% führen darf. Medicamente, die lange aufbewahrt werden, werden von Zeit zu Zeit auf ihre Wirksamkeit an Thieren geprüft. Jedes Gefäss ist mit der Jahreszahl versehen, in der der betreffende Stoff geliefert wurde. Bei der Versorgung der Sanitäts-Etablissements wird immer der ältere Bestand zunächst abgeführt. Alle narcotischen Extracte sind in Pulverform, weil sie sich so besser halten. Welche Stoffe von der Pharmacie centrale angekauft werden, ist durch ein besonderes Verzeichniss festgestellt.

Die Lieferungen für die Pharmacie centrale werden jährlich vergeben und zwar sind die zu liefernden Stoffe in sieben Serien getheilt, von denen die ersten drei Medicamente, die vierte Materialwaaren, die fünfte Stoffe (Calicot, Leinewand etc.), die sechste Charpie und Compressen, die siebente Leinsamenmehl enthält. Der Lieferant muss sich mit dem Cahier des charges vollständig bekannt erklären und zwar enthält dies Cahier des charges folgende wesentliche Bedingungen:

Die Lieferung kann um die Hälfte nach Belieben des Kriegs-Ministeriums erhöht werden — der Lieferant hat dann diese Nachbestellung in Zeit von 14 Tagen, vom Empfang des Auftrages ab, noch zu liefern.

Alle gelieferten Stoffe müssen von der besten Qualität sein und den Proben der Pharmacie centrale entsprechen.

Bleiben die Lieferanten im Rückstande mit ihrer Lieferung und halten sie die bestimmten Termine nicht ein, so wird die Klage gegen sie erhoben.

Besondere Proben zu Versuchen über die Qualität der gelieferten Stoffe müssen noch über die vereinbarte Quantität hinaus von dem Lieferanten gegeben werden.

Es folgt nun eine genaue Feststellung der Art der Emballage und Gefässe für die einzelnen Stoffe. Die Verpackung verbleibt der Pharmacie centrale ohne besondere Vergütung dafür.

Vor der Annahme der einzelnen Stoffe in der Pharmacie centrale werden dieselben einer Prüfung unterworfen, bei der die Lieferanten selbst gegenwärtig sein oder sich vertreten lassen können. Die anzunehmenden Stoffe müssen mit den officiellen Proben oder der Pharmacopoe übereinstimmen. Ueber die Prüfung der Stoffe wird ein Protokoll aufgenommen. Ein Sous-intendant militaire ist bei dieser Prüfung zugegen.

Wenn der Lieferant und die Commission nicht einig sind über die Qualität der Stoffe, so beruft der Sous-intendant militaire einen Experten aus den Civil-Aerzten oder Apothekern und ebenso wird auf Requisition des Sous-intendant durch die Communalbehörden noch ein zweiter Expert aus den Civil-Aerzten und Apothekern gewählt; ein Mitglied der Communalbehörden hat bei der dann stattfindenden Untersuchung der Stoffe gegenwärtig zu sein.

Der Lieferant ist selbst bei dieser Prüfung zugegen oder kann sich vertreten lassen.

Wenn die betreffenden Personen sich versammelt haben, so theilt der Sous-intendant denselben die Sachlage mit den Bestimmungen des Cahier des charges mit. Nur der Sous-intendant hat das Recht Fragen an die Experten zu richten; er hat jede Beeinflussung derselben zu verhindern.

Nachdem die Experten ihre Untersuchung beendet haben, so vergleichen sie die gelieferten Stoffe mit den officiellen Proben und entscheiden über die Annahme oder Zurückweisung. Der Sous-intendant bleibt immer gegenwärtig und verkündigt die Entscheidung, der die Lieferanten sich unterwerfen müssen. Findet unter den beiden Experten eine Meinungsverschiedenheit statt, so bestimmt das Mitglied der Communal-Behörden einen dritten Experten, der den Ausschlag giebt.

Wenn eine Partie der gelieferten Waaren zurückgewiesen worden ist, so müssen die Lieferanten dieselbe in 10 Tagen durch eine neue Lieferung ersetzen. Lassen sie die zurückgewiesene Quantität nicht in 3 Tagen abholen, so erhalten sie dieselben auf ihre Kosten und Gefahr zugesandt.

Ergiebt es sich, dass die gelieferten Stoffe verfälscht sind, so werden dieselben confiscirt und vernichtet. Ausserdem hat das Kriegs-Ministerium das Recht den Unternehmern eine Geldstrafe von 500 Fr. auf den Betrag der Lieferung aufzuerlegen, unbeschadet der sonstigen gesetzlichen Strafen. Die Geldstrafe kommt an das Bureau de la bienfaisance an dem Orte, wo die Untersuchung stattgefunden hat. Die Quittung über die Geldstrafe erhält der Lieferant als baares Geld.

Ist ein Versuch der Verfälschung vorgegangen, so kann der Kriegs-Minister die ganze Lieferung annulliren, resp. den Lieferanten von allen weiteren Lieferungen für die Armee ausschliessen.

Ueber die streitigen Untersuchungen von Lieferungen wird ein genaues alle Nebenumstände wie die Entscheidung enthaltendes Protocoll aufgesetzt, das von allen Betheiligten unterzeichnet wird.

Eine Verweigerung der Unterschrift von Seiten des Lieferanten wird besonders bemerkt. Ein Exemplar dieses Protocolls behält der Sous-intendant; eins erhält das Kriegs-Ministerium. Auch der betreffende Lieferant kann auf seine Bitte eins erhalten.

Im Falle eine Lieferung ganz oder theilweise zurückgewiesen wird, so trägt der Lieferant sämmtliche Kosten, die durch die nachträglichen Untersuchungen entstanden sind, einschliesslich des Honorars der Experten, das für eine Untersuchung (une vacation) von drei Stunden 6 Fr. nicht übersteigen darf. Auf den Tag dürfen nicht mehr als zwei vacations gerechnet werden.

Bleiben die Unternehmer mit ihren Lieferungen zur festgesetzten Zeit im Rückstande, liefern sie dieselben unvollständig, ersetzen sie zurückgewiesene Partien in der vorgeschriebenen Zeit nicht oder müssen die nachgelieferten Stoffe nochmals zurückgewiesen werden, sind die Stoffe verfälscht, so wird die betreffende Lieferung auf Kosten der Unternehmer angekauft.

Um die Zahlung für ihre Lieferungen zu erhalten, reichen die Unternehmer ihre Rechnungen an den Director der Pharmacie centrale ein.

Der Zuschlag findet für jede einzelne Serie besonders statt.

Es dürfen nur solche Personen für die Lieferungen concurriren, die zu dieser Art Handel in Belgien berechtigt sind. Dass sie dies sind, wird durch ein besonderes Zeugniss der Communal-Behörden ihres Wohnortes attestirt. Die Unternehmer können demnach entweder geborene, resp. naturalisirte Belgier sein — sind es Ausländer, so müssen sie ihren Wohnort in Belgien haben und ihre Berechtigung für die Concurrenz in oben angegebener Weise nachweisen.

In Betreff ihrer Zahlungsfähigkeit müssen die Unternehmer ein Zeugniss ihrer Orts-Behörde ihrem Angebot beifügen. Ausserdem hat jeder Unternehmer zwei Caventen zu stellen, über deren Zuverlässigkeit ebenfalls ein Zeugniss der Orts-Behörden beigefügt sein muss.

Alle Angebote kommen in einen Kasten, der verschlossen und am bestimmten Zuschlagstage durch den Deputirten des Kriegs-Ministers geöffnet wird. Nach der Oeffnung des Kastens ist kein Angebot weiter zulässig.

Diejenigen Angebote, die nicht in der im Cahier des charges bestimmten Form gefasst sind, bleiben unberücksichtigt.

Provisorisch werden diejenigen Unternehmer gewählt, die die für den Staat vortheilhaftesten Preise geboten haben, vorausgesetzt, dass dieselben alle übrigen Bedingungen erfüllen. Die definitive Bestätigung bleibt dem Kriegs-Minister vorbehalten.

Bieten zwei Unternehmer die gleichen niedrigen Preise und den gleichen hohen Rabatt, so haben die beiden Unternehmer nochmals in derselben Sitzung Vorschläge in Betreff des Rabatts zu machen, welche ebenfalls der kriegsministeriellen Bestätigung bedürfen.

Finden sich bei der Prüfung der Angebote Irrthümer, sei es in der Menge der zu liefernden Stoffe, sei es in der Addition der Preise, die dem Zuschlag zu Grunde gelegen, so hat der Kriegs-Minister das Recht, solche Vorschläge zu ignoriren. Bei Differenz der Beträge in Buchstaben und der Beträge in Ziffern gelten die ersteren.

Die Unternehmer tragen alle Kosten, welche durch die Effectuirung der Lieferung entstanden sind, wie die Anzeigen, Anschläge und den Stempel, ebenso alle etwanigen Steuern.

Ohne eine specielle ministerielle Autorisation dürfen die Lieferungen nicht cedirt werden.

Alle Fehler der Unternehmer — schlechte Qualität der Stoffe, zu späte Lieferung — geben dem Minister das Recht vom Vertrage zurückzutreten, ohne irgend einen Schadenersatz für den Unternehmer.

Im Falle des Todes oder des Fallissements des Unternehmers kann der Kriegs-Minister den Vertrag aufheben.

Streitigkeiten über die Auslegung und Ausführung des Contractes werden in letzter Stelle vom Kriegs-Minister entschieden. —

Für die Lieferung der Blutegel, die in den belgischen Lazarethen nur einmal benutzt und nach dem Gebrauch durchgeschnitten werden, wird ein ganz ähnlicher Contract geschlossen. Die Blutegel sollen gesund, lebhaft und abgespült sein; 1000 sollen 1400 Grammes wiegen. Der Unternehmer hat Depôts in Antwerpen, Arlon, Brügge, Brüssel, Lager von Beverloo, Diest, Gent, Lüttich, Lierre, Löwen, Mecheln, Mons, Namur, Tournay und Ypern anzulegen, deren jedes immer eine ausreichende Quantität Blutegel enthalten muss. Alle vor 10 Uhr Morgens geforderten Blutegel müssen vor 4 Uhr Nachmittags in den Lazarethen und Infirmerien abgeliefert sein. Die Infirmerien können ihre Blutegel auch aus andern Quellen beziehen. Die Blutegel werden bei der Nachmittags-Visite von dem Chef des ärztlichen und pharmaceutischen Dienstes geprüft, ihre Zahl, Qualität und Gewicht vermerkt und diese Bemerkungen dem Unternehmer mitgetheilt. Schlechte Blutegel muss er sofort durch andere ersetzen, ebenso die todtgefundenen, für die ihm nichts vergütigt wird. Bei etwaniger Vernachlässigung der Lieferungen werden die Blutegel auf Kosten des Unternehmers angekauft. Die übrigen Bestimmungen sind dieselben wie in dem vorstehenden Contract.

Ich habe die Bedingungen der Lieferungen an die Pharmacie centrale deshalb so genau gegeben, um zu zeigen in welcher Weise man in Belgien den Weg der einfachen Submission mit dem der Centralisation in der Arzneiverpflegung der Armee verbunden hat.

Untersuchen wir, ob sich diese Art der Medicinal-Verpflegung einer Armee empfiehlt.

Bei der Medicinal-Verpflegung der Armee sind für einen Staat zwei Factoren als maassgebend zu bezeichen. Der erste und hauptsächlichste ist eine absolute oder doch wenigstens eine grösstmögliche Sicherheit und Zuverlässigkeit der gelieferten Medicamente, der zweite untergeordnete ein möglichst billiges Verfahren um solche zu erhalten. An diese beiden Cardinal-Bedingungen müssen sich practische administrative Einrichtungen für den Versorgungsmodus der einzelnen Sanitäts-Anstalten schliessen; endlich bedarf es eines in jeder Beziehung zuverlässigen pharmaceutischen Personals, um von diesen Prämissen Nutzen ziehen zu können.

Entspricht der belgische Arznei-Versorgungsmodus, Versorgung der Armee von einer Centralstelle aus, den aufgestellten Bedingungen?

Wir verlangten als erste Bedingung eine wo möglich absolute Sicherheit und Zuverlässigkeit der gelieferten Medicamente. Um diese zu erreichen empfiehlt es sich, sich an die Quellen direct zu wenden, von denen aus sich die Apotheken mit pharmaceutischen Präparaten versehen, wir meinen die Droguen-Handlungen und pharmaceutischen Fabriken, welche in neuerer Zeit die früher übliche Selbstbereitung von Präparaten in den Apotheken in grossem Maassstabe übernommen haben. Schon die Gleichmässigkeit des Arbeits-Modus in solchen Fabriken, die wegen des grösseren Betriebes und der gründlicheren Ausnutzung der Stoffe immer vortheilhafter arbeiten, giebt eine grössere Garantie für die Sicherheit der gelieferten Präparate, welche bei Herstellung derselben in verschiedenen Officinen je nach der verschiedenen Fähigkeit und den verschiedenen Arbeitsmitteln der einzelnen Laboranten nothwendig in gewissen Grenzen schwanken wird. Der Bezug grosserer Massen von Medicamenten aus solchen Anstalten scheint uns demnach schon eine gewisse Bürgschaft für die Güte derselben in sich zu schliessen. Man muss ausserdem bedenken, dass solche Fabriken auch mit ihrem Renommée für die Güte ihrer Waare einzutreten haben und dasselbe bei den Lieferungen in grösserem Maassstabe mit einsetzen.

Das belgische Arznei-Versorgungs-Verfahren giebt sich jedoch keinesweges damit zufrieden, seine Lieferungen in grossem Maassstabe aus directen renommirten Quellen zu entnehmen, sondern dasselbe fügt noch eine genaue Prüfung der gelieferten Arzneistoffe bei ihrer Abgabe an die Centralstelle hinzu. Wir erachten dies als einen wichtigen Factor, der aber eben nur bei der Lieferung an eine Centralstelle möglich ist. Der Grund davon ist der, dass zu einer genauen Untersuchung gelieferter Medicamente auf chemischem wie physicalischem Wege, zur Constatirung der Uebereinstimmung der Lieferung mit den vorschriftsmässigen Proben sehr tüchtige Kräfte gehören, welche mit den Schwierigkeiten der Untersuchung, Kenntniss der verschiedenen Bereitungsmethoden, der Verfälschungen, der Pharmakologie, den in Frage kommenden Preis-Differenzen genau vertraut sind. Es liegt schon in der Stellung, welche solchen Männern sowohl ihrer Thätigkeit wegen, wie zum Schutz vor Beeinflussung angewiesen werden muss, dass nur bei einer Centralstelle sich dieselben befinden können; gehen aber alle für eine Armee bestimmten Medicamente bei der Centralstelle durch ihre Hände, so bedarf es auch nur weniger gut qualificirter Persönlichkeiten.

Die zweite Bedingung, die möglichst billige Beschaffung guter Medicamente wird durch das Centralisations-Verfahren ebenfalls erfüllt. Wie wir in dem vorstehenden Contract gesehen haben, ist bereits durch die Submission der Lieferungen die pecuniäre Seite möglichst berücksichtigt, mehr aber wiegt der Umstand, dass durch eine directe Lieferung von pharmaceutischen Fabrikaten für den Staat ganz der Verkehr mit den Apothekern als Unterhändlern wegfällt, denen sonst bedeutende Spesen gezahlt werden, man denke allein an die Arbeitskosten.

Man könnte entgegnen, dass die Einrichtung von Centralstellen ebenfalls mit bedeutenden Kosten verbunden ist, dass die nothwendigen Besoldungen für das Personal derselben (Director, Chemiker, Büreau-Personal etc.) den Vortheil der Ersparniss bedeutend herabsetzen, allein diese Rechnung ist positiv unrichtig. Die Ersparniss beläuft sich trotz aller Unkosten fast auf den vierten Theil des Lieferungswerthes aller für die Armee nöthigen Medicamente und Droguen. Es ist deshalb dieser Arznei-Versorgungsmodus in den meisten Staaten eingeführt; ausser Belgien haben England, Frankreich, (eine Centralstelle in Paris, ein Depôt in Marseille, eins in Algier) Oesterreich, Hannover dieses System mit Vortheil verfolgt. Und böte dasselbe auch nicht besondere finanzielle Vortheile, so bietet es unbedingt Garantien für die Güte der Medicamente. Die Wichtigkeit dieses Punktes lässt aber Sparsamkeit für einen Staat sehr übel angebracht erscheinen, da derselbe möglicherweise Leben und Gesundheit seiner Soldaten auf's Spiel setzt.

Es liegt die Frage sehr nahe, ob solche Centralstellen nicht mit Vortheil als selbstständige Fabriken arbeiten könnten? Die Antwort auf diese Frage dürfte sich theilweise schon aus der Erfahrung ergeben, dass der Staat für sich selbst jederzeit am theuersten arbeitet und besser von der Concurrenz im Ganzen Nutzen zieht. Hierbei ist ja das Submissions-Verfahren zur Erzielung billiger Preise von ausserordentlichem Vortheil. Fabrikarbeit ist ja auch nur vortheilhaft, jemehr sie im Grossen betrieben werden kann und für einen grossartigen Fabrikbetrieb reicht der Medicinal-Verbrauch einer Armee nicht aus. Eine Armee wie die Preussische z. B. verbraucht jährlich nur den zehnten Theil von dem, was die Riedel'sche pharmaceutische Fabrik zu Berlin in einem Jahre liefert. Man kann sich deshalb auf einige unbedeutende Selbstbereitungen, die den Lieferungen gegenüber gar nicht in Betracht kommen, beschränken, und muss vielmehr darauf halten, dass alles in einem möglichst zum Dispensiren vorbereiteten Zustande geliefert werde.

Mindestens eben so gross als die eben besprochenen Vorzüge in Betreff der Güte der Medicamente und der Billigkeit derselben sind die Vortheile, welche das besprochene Verfahren in therapeutischer wie administrativer Beziehung bietet. Es ist gewiss für die Behandlungsresultate der Kranken nicht gering anzuschlagen, ob in der ganzen Armee die gleichen guten Medicamente gebraucht werden; dies ist so einleuchtend, ein so wichtiger Factor für die Thätigkeit der Aerzte, dass wir darüber nicht weiter zu sprechen brauchen. Derselbe wird sich namentlich dann segensreich geltend machen, wenn zu nichtswürdigen Speculationen Gelegenheit geboten ist, wir meinen bei plötzlichen grossen Arznei-Lieferungen vor dem Kriege, bei Verproviantirung von Festungen, von Schiffen; für solche unvorhergesehene Fälle bietet eine garantirte Lieferung guter Medicamente Vortheile, welche von Niemanden mehr empfunden werden, als von den Kranken und Aerzten, die sie geniessen. In administrativer Beziehung ist die Lieferung der Medicamente von einer Stelle aus oder durch Depôts gewiss ein Vortheil, da hierdurch die Berücksichtigung local verschiedener Verhältnisse unnöthig gemacht wird, ein gleicher Verwaltungsmodus leicht die ausreichende Versorgung aller Sanitäts-Etablissements erreichen kann. Die heutigen Verkehrsmittel, Telegraphen und Eisenbahnen, haben die Entfernungen so verkürzt, dass selbst unvorhergesehenen Bedürfnissen aus der Centralstelle leicht abgeholfen werden kann.

Haben wir bei dem besprochnen Verfahren gute und billige Medicamente, einen ausreichenden Verwaltungsmodus, so fehlt nur noch das in jeder Beziehung zuverlässige pharmaceutische Personal, welches mit denselben arbeitet, um diesen Zweig des Militair-Medicinal-Wesens als abgeschlossen betrachten zu können. Auch dieses findet sich in der belgischen Armee vor, wo die Apotheker (ebenso wie in Frankreich, England, Oesterreich) fest der Armee angehören und in jeder Beziehung allen wissenschaftlichen Ansprüchen genügt haben müssen, die sowohl ihr Fach im Allgemeinen, wie ihre Beziehungen zur Armee im Besonderen von ihnen verlangen.

III.

Ueber

Sanitäts-Compagnien

mit

besonderer Rücksicht

auf die

Königl. Hannöversche Sanitäts-Compagnie

und deren

Uebungen im Juni 1863.

Der Richtung unserer Zeit, alle Ziele mit Aufbietung gewaltiger Mittel und Kräfte zu erreichen, entspricht auch die Kriegführung unserer Tage. Die Vervollkommnung der Verkehrsmittel, Eisenbahnen und Telegraphen, haben es möglich gemacht, grosse Truppenmassen in kurzen Zeiträumen zu concentriren, welche Schlachten liefern, die nur den mächtigsten Kämpfen in der Geschichte an die Seite gestellt werden können. Der Erfindungsgeist hat sich mit Vorliebe der Vervollkommnung der Waffen zugewendet, daher sind die Schlachten unserer Tage die blutigsten und mörderischsten, die je geschlagen wurden. Magenta, Solferino, die amerikanischen Schlachten der letzten Jahre können den blutigsten Kämpfen jeder Zeit den Rang streitig machen. Schon 1859 beim italienischen Kriege, zeigte sich das Gesicht des Krieges furchtbarer denn je, und es lässt sich bei der stetig fortschreitenden Technik der Waffen erwarten, dass wir noch blutigeren Resultaten in späteren Kriegen entgegengehen.

Es ist ein eigenthümlicher Zug in der Culturgeschichte, dass neben den immer steigenden Zerstörungsmitteln zugleich eine Vermehrung des humanen Bestrebens hervortritt, die geschlagenen Wunden zu heilen und die Schrecken des Krieges zu lindern. Auch diese Bemühungen gehören recht eigentlich erst der neusten Zeit an und characterisiren sich ganz besonders durch die Tendenz, dem Verwundeten unmittelbare Hülfe zu bringen. Wieweit auch die Bestrebungen früherer Zeiten gegangen sind, wie segensreich die fliegenden Lazarethe *Görkes*, die Ambulancen *Percys* und *Larrey's* gewirkt haben, ihre Thätigkeit war in den meisten Fällen eine secundäre; das erste Glied in der Kette eines geordneten Sanitäts-Dienstes auf dem Schlachtfelde, die unmittelbare dringendste Hülfe verbunden mit dem Transport des Verwundeten aus dem Feuer auszubilden, war erst unserer Zeit vorbehalten. Die Schlacht von Solferino, dieses Prototyp eines Kampfes zwischen modernen Armeen, liess die Nothwendigkeit einer möglichst unmittelbaren Hülfe recht in den Vordergrund treten und es ist gewiss ein schönes Zeichen unserer Zeit, dass ein internationaler Congress im Jahre 1863 diesen humanen Bestrebungen seine Thätigkeit widmete.

Die Thätigkeit des Sanitäts-Dienstes in einer Schlacht lässt sich wesentlich in drei verschiedene Acte theilen. Der erste dieser Acte besteht darin, dass der Verwundete aufgesucht und zum nächsten Verbandplatz transportirt wird; hierbei lässt man ihm nur die allernothwendigste Hülfe angedeihen, da es geboten ist, ihn so schnell wie möglich aus dem Bereiche des feindlichen Feuers wie den Bewegungen der eignen Truppen zu schaffen. Der zweite Act besteht in der Thätigkeit der Verbandplätze. Es werden die allernöthigsten Verbände und Operationen gemacht, und zwar nur solche, die die weitere Transportfähigkeit des Verwundeten ermöglichen, um ihn zu dem weiter rückwärts gelegenen Depôt zu schaffen, wo die eigentliche operative Hülfe erfolgt (dritter Act). Die verschiednen Corps, welche diese Thätigkeit des Sanitäts-Dienstes ausführen, sind von Herrn General-Arzt *Dr. Loffler* gewiss sehr treffend als die Avantgarde, dass Gros und die Reserven bezeichnet worden. In der Preussischen Armee würden die Krankenträger-Compagnien mit ihren Aerzten der Avantgarde, die Truppen-Aerzte und die der fahrenden Abtheilung der leichten Feldlazarethe dem Gros, die Depôt-Abtheilung der leichten Feldlazarethe den Reserven entsprechen. Die schweren oder Corps-Lazarethe können für die Thätigkeit auf dem Schlachtfelde selbst nicht in Betracht kommen.

Es sei unsere Aufgabe, uns mit jenem ersten Acte des Sanitäts-Dienstes näher zu beschäftigen.

Die Organisation des Sanitätswesens in den verschiedenen Ländern zeigt uns zwei verschiedene Wege, auf denen man die Wegschaffung der Verwundeten ermöglicht hat. Die erste althergebrachte Art ist die, dass man den Verwundeten von seinen eigenen Kameraden so gut, wie es eben gehen will, aus dem Feuer bringen lässt; die zweite besteht in der Verwendung eigens zu diesem Zwecke organisirter Corps, welche grössern oder kleinern Truppenkörpern beigegeben sind, sogenannten Sanitäts- oder Krankenträger-Compagnien.

Was die erste, frühere Methode betrifft, den Verwundeten durch seine Kameraden aus dem Feuer bringen zu lassen, so hat dieselbe ihre grossen Nachtheile und Schattenseiten, wie ich dies schon in dem Aufsatze über das Lager von Châlons erwähnte. (S. S. 60.) In Frankreich finden wir theilweise dieses Verfahren jetzt noch vor, denn wenn auch die Leistungsfähigkeit der fliegenden Abtheilungen der Divisions-Ambulancen mit ihren Cacolets und Litièren für den weiteren Transport eine höchst bedeutende ist, so bleibt es doch immer den Kameraden überlassen, den Verwundeten aus dem ärgsten Gewühl bis zu diesen vortrefflichen Transportmitteln zu schaffen, da hierzu die 8 resp. 17 Infirmiers der Divisions-Ambulancen unmöglich ausreichen können. Ein solches Verfahren, selbst wenn es noch so treu und aufopfernd ausgeführt wird, lässt die erste dringendste Hülfe vermissen, die ja allein in vielen Fällen das Leben erhalten kann, wir erinnern nur an Schusswunden der Brust und arterielle Blutungen. Ausserdem decimirt dieser Transportdienst die Truppe und giebt dem Feigling eine willkommene Gelegenheit sich unter dem Vorwande menschenfreundlicher Bemühungen den Schrecken der Schlacht zu entziehen. An dem Transport leicht Verwundeter betheiligten sich im italienischen Feldzuge nach *Neudörfer* (Handbuch der Kriegs-Chirurgie Seite 130) zuweilen fünf Mann, zwei führten ihn, einer stützte ihn im Rücken, einer trug sein Gewehr und einer hatte die Mütze oder den Czako zu tragen, alle bejammerten und beklagten den Verwundeten und suchten so lange als möglich bei ihm zu bleiben; wurden sie fortgeschafft, so konnten sie doch aus Schmerz über das Unglück ihres Kameraden nicht zu ihrem Regimente zurückkehren. Bei jedem Schwerverwundeten kann man nach *Neudörfer* auf einen Verlust von 6—8 Mann rechnen, welche denselben fortschaffen und in der Regel für die Action nicht mehr verwendet werden können. (Neudörfer führt übrigens besonders an, dass dies nur bei schon demoralisirten Regimentern geschehen sei.) Dasselbe führt *Legouest* (traité de chirurgie de l'armée Seite 984) auch als ein in der Französischen Armee vorkommendes Ereigniss an. (S. S. 60.) Die Französischen Militair-Aerzte erkennen deshalb ein eigenes Transport-Corps für Verwundete als eine Nothwendigkeit an; der im italienischen Feldzuge gemachte Versuch, die disponiblen Musiker der Regimenter zu diesem Dienste zu verwenden, mag als Beweis dafür dienen.

Das zweite angegebene Verfahren, durch eigene nur diesem Zwecke dienende Truppenkörper die Verwundeten aus der Feuerlinie zu schaffen, ist eine Schöpfung der neuesten Zeit.

Die von uns vorhin erwähnten Uebelstände werden auf diesem Wege auch nicht vollständig beseitigt, jedoch wird einem Theile der Verwundeten gleich die dringendste Hülfe gebracht, und es wird, wenn selbst noch besondere Aushülfe-Mannschaften commandirt werden müssen, eine zu grosse Schwächung der Truppentheile durch das Austreten von Mannschaften vermieden; dazu kommt der technisch richtige Transport der Verwundeten mit Rücksicht auf die erlittene Verletzung.

Ueberblicken wir kurz die Verwendung solcher Transport-Corps in den neuesten Kriegen. — Unseres Wissens kamen Sanitäts-Compagnien zuerst in der Oesterreichischen Armee während der Kriege 1848 und 1849 in Ungarn und Italien zur Verwendung und leisteten ihrer Armee vortreffliche Dienste. Die enormen Zahlen der Verwundeten im italienischen Feldzuge 1859 liessen jedoch die bestehenden vierzehn Sanitäts-Compagnien (deren jede 5 Officiere, 1 Arzt und 230 Mann auf Kriegsfuss zählte) als unzureichend erscheinen und es wurde deshalb im Jahre 1862 eine Umformung derselben in der Weise vorgenommen, dass die eigentliche Sanitäts-Mannschaft (jetzt auf 10 Compagnien normirt) von der den Transport versehenden getrennt wurde. Diese Transport-Mannschaft wird aus den Leuten der zum Brigade-Verbande gehörigen Bataillone zusammengesetzt und hat dieses Brigade-Sanitäts-Detachement die Aufgabe alle Verwundeten ohne oder mittelst Tragbahren zum Verbandplatze zu geleiten, wo das Wirken der Sanitäts-Truppe beginnt, welche den Aerzten als Gehülfen beizustehen hat.

Das Brigade-Sanitäts-Detachement marschirt bei allen Gelegenheiten vor dem Feinde zusammen. Dasselbe besteht aus 1 Officier der Brigade, 1 Unterofficier und 12 Gemeinen per Infanterie-Bataillon oder 8 Gemeinen per Jäger-Bataillon; dazu noch 2 Gemeinen als Bandagenträger. Demselben wird ein Zehntel der zum Armee-Corps gehörigen Sanitäts-Compagie mit Wagen und Tragbahren beigegeben, bei dem sich auch ein Arzt der Sanitäts-Compagnie befindet. Die Gemeinen tragen als Waffe nur den Säbel, als Erkennungszeichen eine schwarz-gelbe Binde um den linken Oberarm. Die Ausbildung der Mannschaften findet bei ihren Truppenkörpern nach einer besonderen Instruction statt.

In der Spanischen Armee, welche im Frieden fünf Sanitäts-Compagnien besitzt, deren Verwendung in den verschiedenen Garnison-Lazarethen geschieht, waren (nach den Angaben des *Dr. Landa* auf dem internationalen Congress) im Feldzuge in Marocco 25 Mann mit 8 Krankenbahren jedem Bataillon als Krankenträger zugegeben, so dass die ganze Armee 3000 Mann mit 960 Bahren für diesen Dienst disponibel hatte. Es wurden nur die tüchtigsten und zuverlässigsten Soldaten zu diesem Dienste ausgewählt. Der Umstand, das von den Mauren den verwundeten Spaniern kein Pardon gegeben wurde, machte die Thätigkeit dieser Krankenträger zu einer besonders segensreichen.

Auch in dem furchtbaren Kriege, welcher jetzt zwischen den Nord- und Süd-Staaten Nord-Amerikas wüthet, begegnen wir der Thätigkeit der Sanitäts-Compagnien. Ich verdanke der Güte der Herrn *Dr. Keyser* Hauptmann in der Unions-Armee und *Scheibert* Kgl. Pr. Premier-Lieutenant die folgenden Notizen.*)

---

*) Es dürfte nicht uninteressant sein, hier diese Notizen über das Sanitäts-Wesen der amerikanischen Armeen überhaupt hinzuzufügen:
In der Unions-Armee hat ein Regiment von 1000 Mann 3 Aerzte, 1 Ober-Arzt (Major), 2 Assistenz-Aerzte (Premier-Lieutenant). 5 Regimenter bilden eine Brigade, ein Brigade-Arzt (Major) ist im Stabe des Brigade-Generals. 3 Brigaden bilden eine Division, deren Stab ein Divisions-Arzt (Major) angehört. 3 Divisionen formiren ein Corps, ein Corps-Arzt (Oberst-Lieutenant) ist das höchste ärztliche Organ beim Corps-Commando. Bei jedem Regiment befindet sich ein Apotheker. Lazarethgehülfen existiren nicht, jedoch ist bei jedem Regiment ein Sergeant als Träger des Ambulance-Tornisters, der von Korb geflochten ist und gefüllt 65 Pfund wiegt. Derselbe resp. die Satteltaschen bei der Cavallerie enthalten auch die Instrumente. An Transportmitteln hat jedes Regiment vier Bahren; ein vierspänniger Spitalwagen bei demselben dient zum Transport der Medicamente und des Spitalzeltes, das 30—40 Mann aufnehmen kann und immer gleich nach dem Zelt des Oberst aufgeschlagen wird. — Die Ambulancen gehören der Brigade an und stehen unter dem Brigade-Arzt und dem Quarter-master (Hauptmann des Stabes). Dieselben haben 6 grosse zweispännige und 18 kleine einspännige Ambulancewagen, von denen die ersteren vier Kranke, die letzteren zwei Kranke aufnehmen können. Die Kranken sind in der Art darin gelagert, dass die vier in den grossen Wagen zu je zwei übereinander, die zwei in den kleinen neben einander liegen. Die letztere Art der Wagen soll unbequemer sein als die erstere. — In den nächsten Häusern wurden bei der Schlacht Brigade-Lazarethe etablirt, bei welchen Truppen-Aerzte fungirten. Grossen Lazarethen wurden freiwillige Aerzte von der Sanitäts-Commission zugetheilt. — Alle Aerzte sind beritten. Die Uniform derselben ist der der Officiere gleich, jedoch tragen die Aerzte eine grüne Feldbinde, blaue Passanten und M. D. (Medical Departement) am Degen.

Die Armee der Conföderirten hat auf ein Regiment von 1000 Mann 4 Aerzte im Range des Majors resp. Prem.-Lieutenants (1 Ober-Arzt, 3 Assistenz-Aerzte). Eine Brigade von 2—4 Regimentern hat einen Brigade-Arzt (Major), die Division von 2—4 Brigaden einen Divisions-Arzt (Major), ein Corps von 3—5 Divisionen einen Corps-Arzt (Major). Chef des ganzen Sanitätsdienstes ist Dr. *S. P. Moore* in Richmond. Jeder Arzt beim Regiment, von denen bei der Infanterie nur die Ober-Aerzte beritten sind, hat einen Gehülfen bei sich, der den Ambulance-Tornister trägt. Diese Gehülfen wurden auch für ärztliche Befehle als Couriere gebraucht, was häufig nothwendig ist, da alles Medicinwesen unter dem alleinigen Befehl von Aerzten steht. Die Ambulance-Tornister enthalten keine Instrumente für grössere Operationen, diese Sachen befinden sich beim Brigade- resp. Divisionsstabe, bei welchen eigne Medicinwagen existiren. Ausser den oben erwähnten Trägern hat jedes Regiment noch 8—10 Wagen bei sich, die auf guten Federn ruhen, mit einem Plan überzogen und mit Stroh gefüllt sind. Einzelne dieser Wagen haben einen beweglichen Boden zum Ein- und Ausschieben. In der Schlacht werden die Verwundeten durch die Träger nach den Zwischen-Stationen geschafft, die den Verbandplätzen entsprechen und mit rothen Fahnen bezeichnet sind. Diese Stationen werden immer möglichst entlang den Bächen angelegt. Geht das Avanciren zu schnell, so lässt man die Verwundeten hier zurück. Den ärztlichen Dienst auf den

In der Unions-Armee sind jeder Brigade (circa 5000 Mann) 40 bis 50 Krankenträger beigegeben, welche mit Bahren zum Zusammenklappen versehen sind. Dieselben tragen die Verwundeten aus dem Feuer; es werden jedoch noch Leute aus den Truppen zur Beihülfe mit herangezogen, die dann aus ihren wollenen Decken und Gewehren Bahren improvisiren. Die Krankenträger, wiewohl selbst Soldaten, tragen keine Uniform, nur eine Militair-Mütze und sind sonst in Civil. Zu Anfange des Feldzuges hatte man auch die 16 Mann Musiker des Regiments zum Tragen verwendet.

In der conföderirten Armee sind jedem Regiment (1000 M.) 20 Träger mit 4 bis 5 sehr leichten Bahren beigegeben, diese Träger besorgen den Transport der Verwundeten allein; es ist den Soldaten streng verboten, sich bei demselben zu betheiligen. Diese

Zwischen-Stationen versehen Aerzte von den engagirten Truppen. Das allgemeine Arangement des Sanitätsdienstes in einer Schlacht wird vom Divisions-Arzt angeordnet. Bei Mangel von Häusern wird in Zelten verbunden, eigentliche Spitalzelte wie in der Nord-Armee existiren nicht. Die Haupt-Stationen liegen möglichst weit zurück; müssen dieselben geräumt werden, so überlässt man die Verwundeten dem Feinde. Eine besondere Schwierigkeit für die Behandlung besteht darin, dass es nur in Richmond Eis giebt. Die Verwundeten erhalten auch Brandwein, der sonst in der confoederirten Armee verpönt ist. — Chinin und Opium wurde in grossen Massen verbraucht, ersteres besonders bei der Belagerung von Charleston.

In beiden Armeen hat man das Kranken-Zerstreuungssystem für alle transportfähigen Kranken in ausgedehnter Weise in Anwendung gezogen. Sowohl auf den Eisenbahnen des Nordens wie des Südens verschickt man die Kranken und Verwundeten so weit wie möglich und hat gute Resultate. Auch Zeltlager sind häufig angewendet worden; so hatte man bei Mac Clellans Armee ein Zelt-Lazareth bis zu 100 Zelten zur Behandlung der Typhuskranken eingerichtet. Im Süden hat man die Kranken sogar unter tentes d'abri behandelt und es sollen gute Resultate erzielt worden sein.

Ich bedauere erst nach Vollendung dieser Arbeit ein höchst interessantes Werk kennen gelernt zu haben, das über den grossartigen Sanitätsdienst bei der Unions-Armee uns Verhältnisse entwickelt, wie wir dieselben in Europa gar nicht kennen. Es ist dies das Werk: A treatise of Hygiene with special reference to the military service von *A. W. Hammond*, Chef-Arzt der Nord-Armee (früher Professor der Chirurgie zu Baltimore). Als Beispiele dieser grossartigen Verhältnisse mögen die drei Evacuations-Hospitäler dienen, die in und bei Philadelphia angelegt sind. Es sind West Philadelphia hospital, Mawer general hospital und Mac Clellan, die resp. 3124, 3320 und 1040 Betten haben. Zu ersterem Hospital gehören nicht weniger als 70 Aerzte und 464 sonstige Angestellte. Die beiden Hospitäler Lincoln zu Washington und das des Fort Schuyler können 1200 resp. 1600 Kranke fassen; nach *Hammond* giebt es noch eine ganze Anzahl Hospitäler von ähnlichem Umfange. Die Data, die *Hammond* über Hygienie giebt, sind höchst interessant. Ich muss mich leider darauf beschränken, hier auf das wichtige Werk aufmerksam zu machen, dessen Data ich, wenn ich es früher gekannt, in den ersten Aufsatz in vergleichender Weise (besonders die Erfahrungen über Zeltlager) hineingearbeitet haben würde.

Träger sind ausgesuchte Leute, die besten der Armee. Sie tragen als einziges Abzeichen die Bezeichnung „Ambulance" an der Mütze und die Regiments-Nummer. Sie stehen unter dem alleinigen Befehl des Oberarztes. Der Umstand, dass jeder Soldat mit einer Feldflasche versehen ist, ist als wichtig für die erste Hülfe hervorzuheben.

England besitzt (nach den Angaben des *Dr. Rutherford* auf dem internationalen Congress) seit dem Krimkriege ebenfalls ein mit den Truppen verbundenes Corps von Infirmiers, das in China gute Dienste geleistet hat.

Das Institut der preussischen Krankenträger-Compagnien, 1854 gestiftet, hat im Gefecht bei Missunde am 2. Februar d. J. seine erste Feuerprobe mit rühmlicher Bravour bestanden, wie dies auch der commandirende General, S. K. H. der Prinz Friedrich Karl am Abend des Gefechts öffentlich anerkannt hat. Die 9 preussischen Krankenträger-Compagnien sind per Armeekorps 1 Hauptmann, 3 Lieutenants, 3 Assistens-Aerzte und 203 Mann mit 45 Bahren stark. Dieselben trennen sich in drei Abtheilungen 1 Lieutenant, 1 Assistenzarzt, 5 Unterofficiere, 62 Gemeine mit 15 Bahren, deren jede mit einem Divisions-Lazareth zusammen operirt. Bei dem Armeecorps in Schleswig ist die Einrichtung getroffen worden, dass noch 1 Unterofficier und 8 Mann von jedem Bataillon zur Aushülfe commandirt sind, mithin treten noch bei jeder Division 12 Unterofficiere und 96 Mann als Aushülfsmannschaften hinzu. Die Abtheilung einer Krankenträger-Compagnie, die sonst 60 Träger zählt, wird dadurch auf 156 Träger erhöht. Spätere umfangreichere Gefechte werden erst ergeben, in wie weit dies Personal ausreicht. Die Aushülfsmannschaften sind durch eine rothe Binde um den rechten Arm kenntlich gemacht.

Wir haben in vorstehenden Zeilen einen kurzen Ueberblick zu geben gesucht, in welchem Umfange die Sanitäts-Compagnien in den letzten Kriegen Verwendung gefunden haben. Leider hat die enorme Zahl der Verwundeten, namentlich im italienischen Feldzuge, alle Bemühungen mittelst der getroffenen officiellen Vorkehrungen Hülfe zu bringen als unzureichend erscheinen lassen. Dieser Vorwurf, welcher alle Phasen des Sanitäts-Dienstes trifft, findet auch auf den Transportdienst Anwendung, wie die Verhandlungen des internationalen Congresses leider nur zu sicher constatirt haben. Dies gilt besonders von dem Transportdienst, der nur durch Menschenkräfte auf Bahren ausgeführt wird, der unzureichend bleibt, selbst wenn Soldaten zum Transport mit verwendet werden. Nehmen wir an, dass ein Verbandplatz 1000 Schritt weit entfernt ist, so bedürfen 4 Sanitäts-Soldaten, die zu einer Bahre gehören, mindestens 16 Minuten, um diesen Weg mit einem Verwundeten zurückzulegen. Dieselben tragen also in einer Stunde nur 2 Verwundete zum Verbandplatze. Rechnet man nun, dass diese 4 Mann 12 Stunden ununterbrochen Verwundete tragen könnten, so würden dieselben nur 24 Verwundete zu ihrem Bestimmungsort bringen. Bei einer grossen Schlacht müssen wir jedoch nach dem heutigen Zustande der Feuerwaffen auf ein Zehntel des Effectivbestandes an Verwundeten rechnen, es würde also eine Armee von 100,000 Mann 10,000 Verwundete haben. Um diese 10,000 Verwundeten zu transportiren, würde es bei unserer obigen Berechnung 1650 Träger bedürfen, und zwar um diese Zahl bei ununterbrochener 12 stündiger Arbeit wegzuschaffen. Da jedoch bei dieser schweren Anstrengung die Arbeitszeit auf höchstens ein Viertel der angenommenen zu veranschlagen ist, so müssen wir die obige Zahl von 1650 verdreifachen, ja um die etwanigen Abgänge unter den dem feindlichen Feuer ausgesetzten Trägern zu paralysiren, vervierfachen, um das obige Resultat zu erreichen — es würden also annähernd 6600 Träger nöthig sein, um sicher auf diesen Transporteffect rechnen zu können. Es lässt sich demnach, besonders bei noch grösseren Armeen und Verwundeten-Zahlen mit Sicherheit annehmen, dass jederzeit mehr Verwundete existiren werden, als eine nur auf Menschenkräfte angewiesene Sanitätsmannschaft besorgen kann.

Eine Hauptschwierigkeit für die Sanitäts-Compagnien liegt, wie wir sehen, in dem unzureichenden Maass menschlicher Kräfte gegenüber der schweren Aufgabe des Krankentragens auf Bahren.*) Es ist deshalb mit Glück die Idee in Frankreich realisirt worden, diese Leistungen von Menschen auf Thiere zu übertragen und wir sehen dieselbe in der Anwendung der Litièren und Cacolets verwirklicht. Ohne Zweifel ist hierdurch (namentlich bei der Ausrüstung abgesonderter Sanitäts-Compagnien mit solchen Transportmitteln) viel gewonnen, indess sind diese Einrichtungen leider an Maulthiere gebunden, welche wir in Deutschland gar nicht in diesem Umfange besitzen, um sie hierzu benutzen zu können. Pferde sind zu diesem Zweck nicht ruhig genug. — So lange daher nicht die Einführung der Maulthiere im Grossen für den Train-Dienst er-

---

*) Die Sanitätswagen jeder Construction mit Pferden bespannt kommen für diesen ersten Act erfahrungsgemäss nicht in Betracht. Sowohl Terrainschwierigkeiten wie die Ueberfüllung aller Wege mit Fuhrwerken und die Bewegungen der Schlacht selbst schliessen dieselben in einigermaassen zureichender Menge aus. Die Verwendung dieser Fuhrwerke, wie aller sonst zum Kranken-Transport requirirten, wird erst bei dem weiteren Transport vom Verbandplatz rückwärts in grösserem Umfange möglich.

folgt, werden wir der Verwendung dieser Thiere für unsere Armee keine allgemeine Wichtigkeit beilegen können. Einen Vorzug muss man derselben zugestehen. Ein Maulthier kann 12 Stunden lang stündlich 4 Verwundete in Litièren oder Cacolets transportiren; für 10,000 Verwundete sind demnach genau 825 Maulthiere erforderich, um dieselben während 12 Stunden zum Verbandplatze zu bringen. Nehmen wir die Zahl der Maulthiere auch auf 1000 an, denen 500 Soldaten als Conducteure beigegeben sind, so ist doch immer diese Menge bedeutend geringer, als die vorher berechnete von 6600 Trägern. Ein wichtiges Moment scheint uns freilich die Erhaltung dieser Thiere; Mängel in der Fouragirung werden sofort störend auf den Kranken-Transport einwirken. Sehr practisch erscheint uns für die Armeen, die keine Maulthiere, Litièren und Cacolets verwenden können der Vorschlag des *Dr. Neudörfer* (Handbuch der Kriegs-Chirurgie Seite 133) die Sanitäts-Compagnien mit einem Vehikel zu versehen, welches im Wesentlichen einer zwischen zwei Rädern nach Art einer Schwebe in einem Rahmen aufgehängten Bahre entspricht und von Menschen bewegt werden soll. Ein solches Transportmittel müsste sich von zwei Menschen (auch im Laufschritt) recht gut bewegen lassen, besonders wenn die Räder recht gross gemacht würden. Gewiss würde es nicht schwer sein, diesem Transportmittel eine solche Construction zu geben, dass die Räder abgenommen werden könnten und die Bahre dann auch allein brauchbar wäre. So wäre dasselbe allen Terrainschwirigkeiten gewachsen. Wenn es gelänge, einen Theil des Kraftaufwandes auf diese Weise zu ersparen, so würde dies Verfahren wegen des Wegfalles der Erhaltung der Thiere den Vorzug verdienen.

Wir stehen, wie wir sehen, bedeutenden Schwierigkeiten gegenüber, wenn wir die Frage über eine möglichst zureichende Organisation der Sanitäts-Compagnien genügend beantworten wollen. Versuchen wir eine solche Antwort bei der hohen Wichtigkeit der Sache in allgemeinen Umrissen zu geben. Die Bedeutung der Frage liegt aber nicht allein in dem materiellen Effect der Sanitäts-Compagnien, sie liegt besonders in dem grossen Einfluss tüchtiger Sanitäts-Compagnien auf den moralischen Muth einer Armee. Schon für den Gebildeten ist die Aussicht, vorkommenden Falles ohne Hülfe verwundet liegen zu bleiben, schrecklich, um wie viel mehr für den gemeinen Soldaten, der bei einem in der Regel geringern Vorrathe moralischen Muthes körperlichen Leiden nicht eine ruhige Fassung entgegen zu setzen hat. Für die grosse Masse der Soldaten liegt aber in dem Bewusstsein, gleich nach erlittener Verwundung Hülfe zu finden, ein wahres Moment des Muthes, welches zur

Erlangung des Sieges nicht wenig beitragen kann. Wenn wir schon mit Befriedigung vom Herrn Premier-Lieutenant *Scheibert* hörten, mit welchem Vertrauen und welcher Anerkennung die Leistungen der Krankenträger in der conföderirten amerikanischen Armee betrachtet werden, so musste uns die allgemeine Anerkennung, die sowohl officieller Seits wie durch die Presse unserer Krankenträger-Compagnie nach dem Gefechte bei Missunde zu Theil geworden ist, noch in viel höherm Grade erfreulich sein; das Vertrauen zur Sanitätstruppe kann den Leistungen unserer Soldaten nur zu Gute kommen.

Die Erfordernisse zu einer Sanitäts-Compagnie sind nach unserm Dafürhalten folgende:

Zuerst verlangen wir, dass sämmtliche Leute einer solchen tüchtige, in jeder Beziehung zuverlässige Menschen sind, die ihren Dienst mit Aufopferung und Freudigkeit versehen. Um solche Persönlichkeiten zu erlangen, muss dieser Dienstzweig als eine Auszeichnung betrachtet werden, deren nur tüchtige Leute für würdig erachtet werden, wie dies z. B. in der conföderirten und in der hannöverschen Armee geschieht. Aus der Thätigkeit dieser Mannschaft folgt die Nothwendigkeit dieser Eigenschaften von selbst; dieselben sollen mit Ruhe und Kaltblütigkeit im feindlichen Feuer die Verwundeten nach technischen Grundsätzen aufheben und mit der ersten nöthigsten Hülfe versehen. Die Art dieses Dienstes bringt es mit sich, dass sie in kleinen Gruppen eine selbstständigere Thätigkeit haben als die meisten andern Soldaten; man muss daher die Zuversicht haben können, dass sie diese Selbstständigkeit nicht missbrauchen. Eine Sanitäts-Compagnie aus schlechten Elementen könnte gradezu gefährlich werden.

Als zweite Bedingung würden wir militairische Disciplin in vollem Umfange verlangen. Nur hierdurch scheinen uns Erfolge auf dem Schlachtfelde selbst gesichert werden zu können, weil von dem Gehorsam die richtige Verwendung des Einzelnen wie des Ganzen allein abhängig ist; erst innerhalb der Grenzen einer dem Sanitäts-Soldaten übertragnen Aufgabe darf derselbe selbst handeln. Die häufige Nothwendigkeit, eine solche Truppe auf grösseren Flächen zerstreut wirken zu lassen, fordert besonders die strenge Aufrechterhaltung der militairischen Disciplin, um dieselbe, je nachdem es nöthig ist, sammeln und zerstreuen zu können.

Das dritte Erforderniss ist eine gehörige Ausbildung und Instruction der Mannschaften in Friedenszeiten. Zu diesem Zweck empfiehlt es sich, einen Stamm dieser Corps fortwährend bestehen zu lassen, welcher durch die Einziehung qualificirter, vorher ausexercirter Mannschaften jedes Jahr auf mehrere Monate zu einer vollständigen Compagnie augmentirt würde. Es bleibt hierbei unbenommen, auch Freiwillige der Fusstruppen mit heranzuziehen, auf welche bei der grossen Wichtigkeit von Lust und Liebe zu dieser schweren Thätigkeit gerade besonders gerücksichtigt werden müsste. Für Kriegszeiten hätte man dann eine ausreichende Zahl geübter Leute, aus denen man noch die tüchtigsten aussuchen könnte. Das Maass der diesen Leuten zu gebenden Ausbildung ergiebt sich wesentlich aus dem Zweck der Truppe; immer muss der schonende Transport des Verwundeten, die unmittelbare Hülfeleistung bei der dringendsten Lebensgefahr im Vordergrunde stehen, wozu natürlich die nöthigen Erklärungen aus der Anatomie gegeben werden müssen. Die practische Erlernung des Transports von Verwundeten ist Sache besonderer Uebungen, die zuerst die Compagnie für sich vorzunehmen hat, dann aber im Anschluss an die grossen Manöver der Truppen geübt werden müssten*). Hierdurch würden auch die Militair-Commandeure daran erinnert werden, wo sie eine solche Compagnie zu placiren hätten. Zu einer weiteren speciellen Assistenz der Aerzte muss ein besonderes Hülfspersonal in der Art unserer Lazarethgehülfen existiren, jedoch könnte auch auf eine Verwendung der Sanitäts-Soldaten zu diesem Zweck durch Commandirung einer Anzahl derselben in die Militair-Lazarethe Bedacht genommen werden.

Uns schiene in Preussen eine Verschmelzung der Militair-, wie Civil-Krankenwärter in den Lazarethen mit den Sanitäts-Soldaten diesem Zwecke entsprechend, zugleich würden sich aus den Sanitäts-Soldaten naturgemäss die Lazarethgehülfen recrutiren.

Als vierte Bedingung für eine segensreiche Verwendung dieser Truppe glauben wir eine ausreichende Zahl und Vertheilung bezeichnen zu müssen. Wie wir gesehen haben, bedingt eine grosse Schlacht allein fast eine Armee von Sanitäts-Soldaten, wie dieselbe unmöglich vollständig vorhanden sein kann, wenn die Hülfe ausreichend sein soll. Es scheint uns besonders nothwendig, dass die Sanitäts-Compagnien nicht zu grossen Truppen-Abtheilungen angehören. Das Maximum für eine Sanitäts-Compagnie scheint uns eine Brigade zu sein, noch besser möchten wir einzelne Detachements den Bataillonen beigeben. Diese Art der Vertheilung scheint durch den Umstand geboten, dass oft einzelne Theile einer Division engagirt sind, ohne dass Abtheilungen der Sanitäts-Com-

---

*) Bei der praktischen Ausbildung der Leute müsste man noch mehr, als bisher geschehen, auf besondere Signale Rücksicht nehmen.

pagnien zur Stelle sind. Dies war namentlich im letzten italienischen Kriege bei den Oesterreichern der Fall, wo die Sanitäts-Compagnien erst nach stattgehabter Action auf dem Schlachtfelde erschienen, daher auch eine entsprechende Umformung vorgenommen worden ist. Je kleiner die Abtheilungen sind, für die ein Sanitäts-Detachement bestimmt ist, um so schneller wird dasselbe zur Hand sein. Wenn wir für ein Bataillon 20 Mann rechnen, die mit 5 Bahren versehen sind, so ergiebt dies für eine Brigade 120 Mann mit 30 Bahren, welche eine Compagnie formiren und für gewöhnlich vereinigt werden könnten. Bei einer solchen Compagnie befände sich dann ein Arzt, Detachements zu einzelnen Bataillonen würden unter das Commando der Truppen-Aerzte gestellt. Die Division hätte dann zwei solcher Compagnien oder 240 Mann mit 60 Bahren; das Armee-Corps 720 Mann mit 180 Bahren*). Gäbe man denselben Transportmittel, welche die Kräfte der Mannschaften schonen, (wir denken bei der Unmöglichkeit von Cacolets und Litièren an jene *Neudörfer*'schen mit Rädern versehenen Bahren) so dürfte sich mit dieser Anzahl in ihrem Dienst geübter Leute den dringendsten Bedürfnissen genügen lassen. Mit solchen Bahren würden 720 Mann, die wir per Armee-Corps rechneten, in 12 Stunden 4320 Mann zum Verbandplatz schaffen können, vorausgesetzt, dass 4 Mann 2 Verwundete in einer Stunde transportiren. Rechnen wir das Armee-Corps zu 30,000 Mann, so würden gewiss die zu erwartenden 3000 Verwundeten in 12 Stunden weggeschafft werden können. Als einen wesentlichen Factor möchten wir noch hervorheben, dass die Sanitäts-Truppen in ihrem technischen Dienst auch formell unter den Befehl der Aerzte als wirklicher Vorgesetzter gestellt werden müssen, wodurch die allgemeinen militairischen Beziehungen zu ihren Compagnie-Chefs nicht alterirt zu werden brauchen. Besonders muss den Aerzten der unbedingte Befehl darüber zustehen, welche Verwundeten überhaupt und auf welche Weise dieselben transportirt werden müssen, wobei allein die Art und die Bedeutung der Verletzung maassgebend sein darf. Bei sehr grossen Schlachten wird freilich die Hülfe immer momentan wenigstens eine unzureichende sein.

Nur wenige Worte über die Ausrüstung und Bekleidung solcher Compagnien.

Die Ausrüstung derselben muss ganz ihrem Zwecke entspre-

---

*) Dies wäre das Vierfache des gegenwärtigen Bestandes unserer Krankenträger-Compagnien, die, wie wir sahen, 180 Träger mit 45 Bahren per Armee-Corps stark sind.

chen, dieselben müssen daher mit den für die erste dringende Hülfe nothwendigen Verband- und Stärkungsmitteln (grosse Feldflaschen) versehen sein, und zwar jeder Einzelne von diesen. Dafür müssen sie aller unnöthigen beengenden Kleidungsstücke und Waffen überhoben sein; Schutzwaffen wie Helme, Kepys etc. müssen durch Mützen ersetzt, von Waffen nur solche getragen werden, die zugleich eine Verwendung für den Transportdienst gestatten, z. B. Pionier-Seitengewehre mit einer Säge zum Abschneiden von Bäumen. Sehr praktisch ist auch eine lange Fouragier-Leine, um Bahren zu improvisiren. Weiterer Waffen, die nur zum Angriff reizen, bedarf die Sanitäts-Compagnie nicht. Die Belastung mit Gepäck ist möglichst zu vermeiden; in der conföderirten Armee wurde nur den Krankenträgern das Gepäck gefahren. Eine gleichmässige bequeme möglichst von den andern Uniformen abstechende Tracht erscheint nothwendig; in dieser Beziehung möchten wir den vom internationalen Congress gemachten Vorschlag, dass die freiwilligen Krankenträger aller Armeen ein gleiches Unterscheidungszeichen tragen sollten (eine weisse Binde mit rothem Kreuz am Arm) auch auf alle Sanitäts-Soldaten angewendet sehen. Liegt doch die Schonung derselben im Interesse von Freund und Feind.

Der internationale Congress zu Genf hat im October 1863 in dankenswerther Bemühung, das Elend der Verwundeten zu lindern, den Beschluss gefasst, durch freiwillige Infirmiers, die sich den officiellen Organen der kriegführenden Mächte anschliessen sollen, auch für den Transport der Verwundeten mit sorgen zu helfen. So hoch wir die Thätigkeit solcher Freiwilligen in den Lazarethen für die Pflege der Verwundeten anschlagen müssen, so wenig möchten wir dieselbe für die erste Hülfe auf dem Schlachtfelde empfehlen. Gerade auf dem Schlachtfelde handelt es sich um ein auf dem Boden der militairischen Disciplin geregeltes Eingreifen der verschiedenen Dienstzweige in einander. Freiwillige aber würden eine Stellung einnehmen, die nicht ein unbedingtes Verfügen über ihre Kräfte nach allgemeinen Dispositionen gestattete. Geben wir noch dem Bedenken Raum, wie es sich mit der Verpflegung und administrativen Zugehörigkeit derselben bei einer Armee gestalten würde, so können wir nicht umhin, den Wunsch auszusprechen, solche Kräfte mehr nach der Schlacht, als während derselben verwendet zu sehen. Jedenfalls hat sich jedoch der internationale Congress durch die gründliche Beleuchtung der für den Sanitätsdienst im Kriege wichtigen Punkte, namentlich der Nothwendigkeit der Neutralität des Sanitäts-Personals aller Armeen und die Sorge um Vermehrung von Pflege-Personal ein grosses anerkennenswerthes Verdienst erworben, welches eben so sehr Herrn *Dunant* und dem Comité, das den Congress ins Leben rief, als den Regierungen, die denselben beschickten, zur Ehre gereicht. Der Aufruf vom 17. Februar von einem auf den Genfer Beschlüssen fussenden Comité beweist, wie werkthätig und praktisch diese ins Leben gerufen werden sollen. Mögen diese Bestrebungen glücklichen Erfolg haben, denn bis jetzt sind leider noch die Worte wahr, mit denen *Richter* seine classische Geschichte des Preuss. Militair-Medicinal-Wesens geschlossen hat:

„Für die blutenden Soldaten geschieht noch nirgends zu viel!"

In den folgenden Zeilen habe ich einen Bericht über die Formation und die Uebungen der Königl. Hannöverschen Sanitäts-Compagnie, denen ich im Sommer 1863 beizuwohnen das Glück hatte, niedergelegt. Die vortrefflichen Einrichtungen, die sich an *Stromeyers* berühmten Namen für das hannöversche Militair-Medicinal-Wesen knüpfen, finden sich auch in dieser Sanitäts-Compagnie wieder und werden gewiss für meine Herren Collegen von Interesse sein. Zur grösseren Deutlichkeit habe ich die hannöverschen Einrichtungen möglichst mit den preussischen parallelisirt.

Die Königlich Hannöversche Sanitäts-Compagnie.

Bestimmung der Sanitäts-Compagnie.

Die Königlich Hannöversche Sanitäts-Compagnie hat einen andern Zweck als die Königlich Preussische Krankenträger-Compagnie, indem ihre Bestimmung dadurch eine weitergehende ist, dass die Sanitäts-Soldaten die Functionen der Preussischen Lazarethgehülfen und Krankenträger mit einander vereinigen. Von diesem Gesichtspunkte aus ist es erklärlich, dass in der betreffenden Instruction der Zweck der Sanitäts-Compagnie dahin angegeben worden ist, dass die Sanitäts-Soldaten auf dem Verbandplatze den Aerzten Hülfe leisten, die Verwundeten pflegen sollen, wozu noch die Functionen als Krankenträger hinzutreten.

Formation der Sanitäts-Compagnie.

Nach der oben erwähnten Instruction setzt jedes Bataillon der Königl. Hannöverschen Armee, deren Infanterie aus 20 Bataillonen besteht, jedesmal im Januar einen Unterofficier und fünf Mann aus, welche vom Januar bis Juni von den Truppen-Aerzten unterrichtet werden, wobei die Anweisung für die Sanitäts-Soldaten, welche vom Assistenz-Arzt *Dr. Oelker*[*]) verfasst ist, zu Grunde gelegt wird. In jedem Monat ist Einer von diesen Leuten in das Lazareth commandirt, eine Einrichtung, welche mit unseren Lazarethgehülfen Aehnlichkeit hat, jedoch wegen der kurzen Dauer des Aufenthalts im Lazareth derselben nicht vollständig gleicht. Auf sich meldende Freiwillige ist bei der Auswahl der Sanitäts-Soldaten Rücksicht zu nehmen, jedoch werden überhaupt nur die besten Leute des Bataillons genommen. Dabei herrscht ein solcher An-

---

[*]) Herr Dr. *Oelker* ist zur Zeit mit 110 Mann der Sanitäts-Compagnie der Hann. Brigade in Holstein beigegeben.

drang, dass die ganze im Juni 1863 concentrirte Sanitäts-Compagnie aus Freiwilligen, und zwar, wie mich die Officiere versicherten, den besten Leuten bestand. Für jede Brigade muss sich auch ein Lieutenant mit dem Sanitätsdienst vertraut machen; aus diesen Officieren werden die Officiere für die Sanitäts-Compagnien commandirt.

Im Juni jedes Jahres werden nun die so ausgebildeten Leute (5 Mann per Bataillon, auf 20 Bataillone 100 Mann und 20 Unterofficiere) zur Uebung in der Compagnie zusammengezogen. Die vorgeschriebene Concentrirungsstärke der Compagnie besteht in:

   1 Capitain
   3 Lieutenants
   1 Arzt
   7 Unterofficieren
   1 Oberfeuerwerker
   13 Corporalen
   1 Trompeter
   100 Soldaten,

von denen ausser der Concentrirungszeit nur der Hauptmann und der Feldwebel permanent der Compagnie angehören.

Bei jeder Concentrirung der Sanitäts-Compagnie kommen neue 100 Mann zur Uebung, da nach 1½ jähriger Dienstzeit (vom 1. April bis 1. October folgenden Jahres) die Leute beurlaubt werden, mithin jedesmal neue Mannschaften für den Sanitätsdienst ausgebildet werden müssen. Dagegen bleiben die Unterofficiere meist permanent dabei und machen dann jedes Jahr den Unterricht von Neuem mit durch. Im Falle einer Mobilmachung disponirt die hannöversche Armee über 700 Sanitäts-Soldaten (bei 7 jähriger Dienstzeit), von denen die besten behufs Completirung der Kriegsstärke der Compagnie ausgesucht werden können.

Der Kriegs-Etat ist nach der Instruction folgender:

   1 Compagnie-Chef, Hauptmann I. Classe
   1 Hauptmann II. Classe
   4 Lieutenants
   1 Arzt
   1 Feldwebel
   1 Fourier
   4 Sergeanten
   1 Wachtmeister
   12 Unterofficiere
   16 Gefreite
   5 Trompeter

6 Cavalleristen
1 Sattler
200 Soldaten.

Dazu gehören Train und Fuhrwerke:
1 Train-Wachtmeister
2 Train-Corporale
16 zweispännige Sanitätswagen
4 zweispännige Requisitenwagen
2 vierspännige Brod- und Fouragewagen
1 zweispänniger Transportwagen
4 Reserve-Pferde
1 zweispänniger Schmiedekarren.

Es besteht danach die gesammte Sanitäts-Compagnie aus 284 Mann mit 22 Wagen und 79 Pferden.

Eintheilung der Sanitäts-Compagnie.

Die Sanitäts-Compagnie wird eingetheilt:
1) in einen Compagnie-Stab
2) in vier Züge
3) in den Compagnie-Train und
4) in die Commandos bei den fliegenden Hospitälern.

Der Stab der Compagnie enthält alle Individuen, deren dienstliche Functionen sich auf die ganze Compagnie erstrecken; dahin gehören:

der Compagnie-Commandant
der Capitain 2. Classe
der Arzt
der Feldwebel
der Fourier
der Wachtmeister
4 Corporale und Gefreite
1 Trompeter
2 Cavalleristen und
10 Sanitäts-Soldaten, worunter 2 Zimmerleute sich befinden.

Die vier Züge von gleicher Stärke enthalten jeder:
1 Lieutenant als Commandant
1 Sergeant
4 Corporale und Gefreite
1 Trompeter
1 Cavalleristen und
30 Sanitäts-Soldaten.

Der Compagnie-Train wird unter der speciellen Aufsicht des Capitains 2. Classe von dem Train-Wachtmeister befehligt; er besteht aus dem gesammten Train-Personale, den Schmieden, den Train-Pferden und Fuhrwerken der Compagnie.

Die Commandos bei den fliegenden Hospitälern enthalten einen Gesammt-Bestand von 4 Corporalen, 4 Gefreiten und 70 Sanitäts-Soldaten, deren weitere Verwendung während dieses permanenten Commandos den Bestimmungen des Hospital-Dirigenten überwiesen bleibt.

Es ist bei dieser Formation darauf gerechnet, dass die Compagnie als Ganzes verwendet wird, daher ist derselben auch nur ein Arzt beigegeben. Für etwaige Detachirungen ist die Eintheilung in vier Züge getroffen, deren jedem in diesem Falle ein Arzt, vier Sanitäts- und ein Requisitenwagen beigegeben werden. Der Grund zur Eintheilung in vier Züge liegt in der Zusammensetzung der Hann. Armee aus vier Brigaden, sowie in der Preuss. Armee für die drei Abtheilungen einer Krankenträger-Compagnie die drei Divisionen eines Armee-Corps maassgebend sind.

Die Bekleidung, Bewaffnung und sonstige Ausrüstung der Sanitäts-Compagnie.

Die Uniform jedes Mannes der Sanitäts-Compagnie war die seines Regiments, dem er angehörte, jedoch war allen Mitgliedern der Compagnie mit Ausnahme des Arztes ein Kepy gemeinsam, mit weiss und gelbem Pompon, welches vielleicht besser durch eine Mütze ersetzt würde. Im Dienste trugen die Leute nicht, wie überhaupt in Hannover, die Waffenröcke, sondern kurze Jacken; als Seitengewehr ein zweischneidiges gerades sogenanntes Sabre poignard, das mir zum Holzhauen etc. vor dem Preuss. Säbel Vorzüge zu haben schien. Gewehre führten die Leute nicht, dieselben sind wieder abgeschafft worden; jeder Krankenwagen hat zwei Karabiner für die Sicherheitsposten in der Protze.

Die Ausrüstung der Soldaten für den Sanitätsdienst betreffend, so tragen die Sanitäts-Soldaten an der rechten Seite einen Brodbeutel und eine Wassercantine, deren Riemen en bandolière über die linke Schulter gehen. Der Brodbeutel ist von schwarzem Zeuge und grösser und breiter als der Preuss. Brodbeutel, so dass derselbe auch als Verbandstück, z. B. um eine Mittelle für den Arm zu bilden, benutzt werden kann. Die Wassercantine ist ein plattes Fässchen, mit einem Stöpsel verschlossen, über welchem ein Becher von Blech aufgedreht ist. An der linken Seite, den Riemen en bandolière über die rechte Schulter, trägt jeder Sanitäts-Soldat seine schwarz-lederne Bandagentasche. Dieselbe enthält folgende Gegenstände:

1 Scheere
1 Messer
1 Stück leinen Band
3 leinene Binden
3 Calico-Binden
8 Unzen Charpie
2 Knebeltourniquets
½ Unze Zunder
1 Unze Stecknadeln auf Papier
1 Stück Waschschwamm
17 Leinen-Compressen
6 Nähnadeln
2 Stopfnadeln
1 Docke Zwirn
½ Elle Krankenleder (d. i. dünngewalzte Guttapercha)
4 Unzen Acetum concentratum
4 Unzen Ol. Olivarum album
1 Blechdose mit gestrichnem Heftpflaster.

Die Form und Packung der Tasche ist eben so vollständig wie compendiös und dürfte diese Art der Versorgung der Sanitäts-Compagnie mit Bandagen der in Preussen vorgeschriebenen Art, alle Verbandmittel, mit Ausnahme der Tourniquets in nur zwei Taschen per Abtheilung mit sich zu führen, vorzuziehen sein. Die Verbandmittel in den Taschen selbst waren von guter Qualität, ein Brodmesser und eine starke Scheere erschienen mir eine recht practische Zugabe. Für ganz besonders wichtig glaube ich aber eine starke Fouragierleine halten zu müssen, die bei den verschiedensten Herrichtungen von Krankenbahren, Krankenwagen etc. mit dem grössten Nutzen gebraucht wurde und nach Art der Halfterstricke der Kavallerie zusammen gebunden war. Die ganze Bandagentasche wog vollständig gepackt 7 Pfund. — Die Tornister-Riemen gingen über die Trag-Riemen der Bandagentasche, des Brodbeutels und der Wassercantine auf beiden Seiten weg.

Die Sanitätswagen sind von den Preuss. Krankenwagen abweichend. Diese Abweichungen bestehen:

1) In der Anwendung des Protz-Systems auf die Krankenwagen.
2) In der Verwendung einer Art Wagen für schwer und leicht Verwundete.

Den ersten Punkt, die Anwendung des Protz-Systems betreffend, so besteht dasselbe darin, dass mit einem leichten protzenartigen Vorderwagen der grössere Hinterwagen durch einen Langbaum so verbunden ist, dass ein Ring am Ende des Langbaums über einen Haken an der Protze greift, an dessen obern Theil ein Querbolzen das Herübergleiten des Langbaums verhindert. Das auf diese Weise hergestellte Fahrzeug besitzt einen hohen Grad von Beweglichkeit und Lenkbarkeit; dasselbe lässt sich fast auf dem Fleck umdrehen, kann auf diese Weise leicht aus Hohlwegen heraus, und lässt sich, falls das Umwenden nicht mehr möglich sein sollte, noch durch Abprotzen in seinen beiden einzelnen Theilen ohne besonders grosse Schwierigkeiten wegschaffen. Wie mich die Officiere der Sanitäts-Compagnie versicherten, haben bei den Manövern, die im Jahre 1858 bei Nordstemmen bei Gelegenheit der Zusammenziehung des 10. Deutschen Bundes-Armee-Corps stattfanden und welchem auch die Sanitäts-Compagnie beiwohnte, diese Wagen jedes Terrain passiren können, was selbst für die Artillerie schon schwierig war. So gross nun auch dieser Vortheil einer leichten Lenkbarkeit und Fahrbarkeit sein mag, dieselbe wird entschieden auf Kosten der Bequemlichkeit erreicht, indem die Trennung beider Wagentheile den Hinterwagen sehr leicht macht und damit jeden Stoss, der denselben trifft, viel mehr empfinden lässt, als dies bei einem schwerern Fahrzeug möglich ist; dazu kommt, dass der nothwendige Spielraum des Langbaumringes am Protz-Haken dem Hinterwagen ein Schwanken von vorn nach hinten giebt, das ein fest mit dem Vordertheil verbundener Wagen gar nicht hat. Ich habe mich selbst davon überzeugt, welche Stösse man trotz der guten Druckfedern beider Wagentheile erleidet. Ich glaube mich daher gegen den alleinigen Gebrauch dieses Systems für Krankenwagen aussprechen zu müssen, jedoch kann ich mich der Ansicht nicht enthalten, dass die Zutheilung einzelner solcher Wagen für den Fall des Agirens auf sehr schwierigem Terrain von grossem Nutzen sein dürfte.

Den zweiten Punkt, die Anwendung derselben Art Wagen für schwer und leicht Verwundete, glaube ich ganz besonders zur Berücksichtigung empfehlen zu dürfen.

Es handelt sich bei dieser Frage wesentlich darum, dass ein Wagen für schwer Verwundete so hoch in der Bedachung gebaut wird, um auf den angebrachten Sitzbrettern den leicht Verwundeten das Sitzen uz ermöglichen. Die hannöverschen Sanitäts-Wagen genügen diesem Zwecke durch ihre Höhe; der Wagen wird dadurch zu einem Transportwagen für leicht Verwundete gemacht, dass zwei an den Mittelpfosten vertical in die Höhe geschnallte Sitzbretter horizontal über die Seitenwände herübergeschnallt werden. Dadurch wird für 4 leicht Verwundete im Innern des Wagens Platz gewonnen und ein solcher Wagen, der wie die preussischen sonst 3 leicht Verwundete auf der Protze und 2 schwer Verwundete im Innern des Wagens transportirt, ist damit für 7 leicht Verwundete hergerichtet. Das modificirte *Arnoux*'sche System (S. S. 49 — 51.) erfüllt den Zweck der gleichzeitigen Brauchbarkeit eines Wagens für schwer und leicht Verwundete in einer besonders zweckmässigen und bequemen Weise.

Die übrige Ausstattung des Wagens anlangend, so ist derselbe grün angestrichen und hat Gardinen von grauem Drill, die zurückgeschnallt werden können; die Hinterwand, von der aus die Tragen eingeschoben werden, ist zum Aushaken und klappt dann herunter, unter derselben befindet sich ein Tritt. Die zweispännigen Wagen werden vom Sattel gefahren und geht das Handpferd in einer Gabel.

Tragen. Am obern Rande jedes Wagens hängen an der Langseite auf jeder Seite zwei Stück Krankentragen. Es sind dies die Tragen, welche zum Transport der Verwundeten zum Wagen benutzt werden. Diese Tragen sind sehr einfach; sie bestehen aus einem Stück starker Leinewand und werden durch zwei Paar Holzbeine, die über die Seitenstangen geschoben werden, stabil gemacht. Mit diesen beiden Fusspaaren sind sie, wenn sie zusammengerollt sind, durch vier an der unteren Seite liegende Riemen zusammengeschnallt. Die in den Sanitäts-Wagen befindlichen Tragbahren sind anders construirt; dieselben bestehen aus einem viereckigen Rahmen mit Handhaben, dessen Querstreben in der Mitte zum Zusammenklappen mit Charnieren versehen sind, und der nach unten vier mit Rollen versehene Füsse trägt. Auf diesem mit Leinewand bezogenen Rahmen ist ein Kopftheil aufgesetzt, der durch zwei seitliche Stricke aufgerichtet werden kann und nach Aushakung einer eisernen Querstrebe sich ebenfalls zusammenklappen lässt. Diese Bahren sind deswegen zum Zusammenklappen eingerichtet, um bei der Herrichtung des Wagens für leicht Verwundete zusammengelegt und zur Seite geschoben werden zu können, wodurch der Boden des Wagens frei wird.

Diese Verschiedenheit in den Bahren möchte ich für einen Nachtheil erachten, weil dadurch eine nochmalige Umlagerung des Verwundeten, bevor er auf den Verbandplatz kommt, nothwendig wird.

Die Griffe der Wagenbahren sind nicht zum Einklappen, wie die preussischen; an den Füssen derselben sind Rollen. Diese beiden Einrichtungen möchte ich als Vorzüge bezeichnen, weil durch die erstere die Bahre an Festigkeit gewinnt, die letztere jedoch das Einschieben der Verwundeten in die Wagen bedeutend erleichtert.

Unter jedem Sanitätswagen hängen zwei Wassertonnen, die immer gefüllt sein müssen, eine Vorsorge, die mir als sehr gut erschienen ist.

Solch ein Sanitätswagen, wie der eben beschriebene, ist jedem Bataillon beigegeben, dem derselbe auch auf dem Marsche folgt. Die Sanitätswagen bei den Bataillonen unterscheiden sich jedoch durch den Inhalt der Protze, welche bei denen der Sanitäts-Compagnie bis auf zwei Karabiner leer ist, um die Tornister der Sanitäts-Soldaten aufzunehmen. Die Protze eines Bataillons-Sanitätswagens enthält nämlich in zwei Haupt-Abtheilungen von drei resp. zwei Kasten die Medicamente, Instrumente und Bandagen, welche in Preussen auf den Medicin-Karren transportirt werden. Diese Protze dürfte vor dem preuss. Medicin-Karren ausser der grösseren Lenkbarkeit den unbestreitbaren Vortheil haben, dass jeder Zeit drei Schwache, Marode etc., auf ihr Platz finden können, während der Krankenwagen für erstere Unglücksfälle auf dem Marsche Aushülfe bietet.

Die Requisiten-Wagen sind vierspännig und enthalten die ärztliche Ausrüstung der Compagnie.

Diese Wagen sind mit einem nach oben zu öffnenden Deckel versehen und zerfallen in drei Abtheilungen, eine vordere für Utensilien, Nahrungsmittel etc. — eine mittlere, darin vier Körbe mit Schienen, Verbandstücken, Charpie, Decken, Hemden, Kitteln, Handtüchern, Feldstühlen etc. Der dritte hintere Theil des Wagens wird durch eine nach unten sich öffnende Klappe zugänglich gemacht, und enthält in zwei grossen Abtheilungen acht Kasten mit Medicamenten, Bandagen, Instrumenten und Schriftsachen. Die Kasten hatten einzuklappende Griffe auf der Vorder- und Rückseite, aber keinen besonderen Deckel-Verschluss. Die beiden lose geöffneten Thüren und der als Klappe dienende Deckel waren nicht so gut als die entsprechende Einrichtung unserer Medicin-Karren und Apotheken-Wagen, bei denen immer noch der Plan zum Schutze von oben hinzukommt. Die Medicamente waren überall wie die preussischen verpackt, nur vermisste ich immer den Liq. Ferri sesquichlorati. Die Pulver, gleich dispensirt, trugen jedes ein besonderes gedrucktes Etiquet. Die Instrumente sind von derselben Art wie die auf den Bataillonswagen, es sind Bestecke für Amputation etc. vielfach aus der englisch-deutschen Legion her. Im

Deckel des Requisiten-Wagens waren die Stangen für die weissgelben Fahnen resp. rothen Laternen verpackt.

Die Uebung der Sanitäts-Compagnie im Juni 1863.

Die vorjährige Uebung war seit der Gründung der Compagnie im Jahre 1853 die zehnte; im Jahre 1859 ist die Compagnie der Mobilmachung wegen längere Zeit auf Kriegsfuss gesetzt gewesen. Noch bemerke ich, dass die Grundzüge der Einrichtung der Compagnie vom verstorbenen General-Stabs-Arzt Dr. *Bacmeister* angegeben sind, während das jetzt gebrauchte Material grösstentheils vom General-Stabs-Arzt Dr. *Stromeyer* herrührt.

Die Uebung, zu der schon am 15. Mai ein Uebersichts-Plan an die General-Adjutantur einzureichen war, hat am 3. Juni begonnen und zwar wurden zunächst die zusammen gezogenen Leute vom Assistenz-Arzt Dr. *Oelker* examinirt. Vom 6. bis 13. Juni sind dann mit den Leuten Uebungen am unbespannten Wagen vorgenommen, vom 17. Juni ab bis zum 27. sind die Uebungen mit Ausrücken an bespannten Wagen gemacht worden. Diesen letztern Uebungen habe ich vom 17. bis 27. Juni täglich beigewohnt, und konnte dies mit um so mehr Nutzen thun, als mir durch die Güte Sr. Excellenz des Herrn General-Lieutenant und General-Adjutanten von *Tschirschnitz* ein Pferd vom Train-Corps zur Disposition gestellt worden war.

Die obige Disposition der Uebung gleicht in der zweiten und dritten Periode ganz der preussischen, unterscheidet sich jedoch in der ersten Periode, da die Zeit des Unterrichts in einem halben Jahre bei den Truppen abgemacht wird. Die Sanitäts-Soldaten lernen demnach mehr als die preussischen Krankenträger, aber weniger als die preussischen Lazareth-Gehilfen.

Der Personal-Bestand der concentrirten Compagnie war:

1 Hauptmann
3 Lieutenants
1 Assistenz-Arzt
1 Feldwebel
20 Unterofficiere
1 Trompeter (von der Artillerie commandirt)
96 Soldaten (4 Ausfall durch Krankheit).

Zur Instruction commandirt: 1 Assistenz-Arzt.
Dazu 2 Train-Unterofficiere, 10 Fahrer und 27 Pferde.

Das Ausrücken fand bei den Uebungen der Sanitäts-Compagnie des Morgens um 8 Uhr vom Zeughausplatze aus statt. Es wurde in folgender Ordnung ausmarschirt:

Voran das commandirte Detachement der Garnison, welches die Verwundeten zu stellen hatte, bestehend aus 1 Officier, 3 Unterofficieren, 1 Trompeter, 25 Mann. Dann folgten die Officiere und Mannschaften der Sanitäts-Compagnie, den Schluss bildeten die 10 zur Uebung genommenen Wagen in folgender Ordnung:

- 4 Sanitäts-Wagen
- 1 Requisiten-Wagen
- 4 Sanitäts-Wagen
- 1 Requisiten-Wagen.

Es war diese Wagenzahl der Stärke der Sanitäts-Compagnie (gleich ein halb der Kriegsstärke) genau entsprechend.

Der Ort, an dem die Uebungen statt fanden, war jedesmal ein anderer, derselbe war gewöhnlich ¾ bis 1 Meile von der Stadt entfernt, und immer war verschiedenes Terrain ausgewählt. Die Märsche bis zum Uebungs-Terrain wurden häufig im Laufschritt ausgeführt.

Zum Zweck der Uebung war die Compagnie in 4 Züge, jeder zu 1 Officier, 5 Unterofficieren und 24 Mann eingetheilt. Von diesen 4 Zügen wurden 2 à 1 Officier, 5 Unterofficieren, 24 Mann mit 4 Sanitätswagen zum Aufsuchen der Verwundeten verwandt; 1 Zug gab die verschiedenen Commandos ab:

- 1 Mann als Führer zu jedem Sanitäts-Wagen
- 1 Unterofficier als Wagen-Commandant zu je 4 Sanitäts-Wagen
- 2 Mann zu jedem Arzt
- 1 Mann als Sicherheitsposten.

Die übrigen Unterofficiere und Leute dieses Zuges wurden ohne Bahren und Tornister zu Führern der leicht Verwundeten verwandt.

Der 4. Zug wurde auf dem Verbandplatz an den zurück gebrachten Verwundeten im Bandagiren geübt, ausserdem bei Auspacken des Requisiten-Wagens verwandt. Auf dem Uebungsplatze angekommen, wurden nach einer kurzen Pause der Begleitungsmannschaft Karten gegeben, mittelst deren die Verwundeten marquirt wurden. Diese Karten waren blau, roth oder grün, erstere Farben bezeichneten die schwer Verwundeten, die letztere die leicht Verwundeten. Diese Karten trugen eine Aufschrift, welche die Art der Verwundung genau bezeichnete und wurden mittelst eines Bandes im Knopfloche befestigt. Der Compagnie-Commandant ertheilte dem Officier des Truppen-Detachements eine kurze Instruktion über ein zu fingirendes Tirailleur-Gefecht. Hierauf liess der betreffende Officier laden und jeder Mann konnte von den 3 Patronen, welche er mit sich führte, 2 verschiessen, während jeder Zeit das Gewehr mit der 3. geladen bleiben musste. Sobald das Gefecht im Gange war, liess der Compagnie-Commandant durch den Trompeter, der immer bei ihm war, das Signal „Fertig zum Gefecht" geben (es gab überhaupt 4 Signale: das Compagnie Signal — Fertig zum Gefecht — Patrouillen vor — und Versammlung der Aerzte). Auf das Signal „Fertig zum Gefecht" nahmen die Züge, die zum Aufsuchen der Verwundeten bestimmt waren, die Mäntel unter der Tornisterklappe vor, rollten sie und hingen sie, nachdem die Tornister abgelegt waren, en bandolière um. Die Tornister wurden in der Weise an der Protze der Sanitätswagen untergebracht, dass 4 im leeren Protzraum, 3 an der Lehne der Protze Platz fanden. — Auf das Commando „Zum Empfang der Bahren" wurden dieselben herunter genommen. — Die Wagen wurden nach folgenden Commandos hergerichtet:

„Fertig zur Abfahrt ins Gefecht"
(Die Gardinen zurückgeschlagen, die Sitzbretter vertical in die Höhe geknöpft).

„Fertig für schwer Verwundete"
(Die Bahren aufgeklappt, das Spritzleder am Bock links losgeknöpft).

„Fertig für leicht Verwundete"
(Die Bahren zusammengeschlagen, die Sitzbretter horizontal herübergeknöpft).

„Fertig für schwer- und leicht Verwundete"
(Eine Bahre hergerichtet, die andere zusammengeschlagen, ein Sitzbrett heruntergeknöpft).

Der Zug-Commandant nahm die Leute wieder zusammen und theilte sie in Patrouillen ein, 8 Bahren, zu jeder 3 Mann, so dass 24 Mann 8 Patrouillen ergaben. Es bilden hier auf diese Weise 3 Mann, die zu einer Bahre gehören, eine Patrouille, während in Preussen zur Bahre 4 Mann, und 12 Mann zur Patrouille gehören.

Auf das Signal „Patrouillen vor" gingen die Leute patrouillenweise vor, jede Patrouille einzeln, ohne dass mehrere derselben unter einem Unterofficier zusammen genommen wurden. Die Wagen folgten in einiger Entfernung auf dem möglichst fahrbaren Wege, ohne, wie unsere Instruction dies vorschreibt, an einem bestimmten Sammelplatze zu halten.

Sobald eine Patrouille einen Verwundeten aufgefunden hatte, wurde zunächst das Gewehr desselben abgefeuert, um jede Gefahr bei Verwendung des Gewehrs zur Lagerung zu vermeiden. Dann wurde die Trage aufgestellt und der Verwundete auf derselben nach Maassgabe folgender fünf Arten gelagert.

1. Lagerung bei Wunden am Vorderkopfe und Halse.

Man legt zum Kopfende der Bahre eine Verbandtasche, darüber einen Tornister, und zwar so, dass der aufgeschnallte Menagenkessel nach vorn und unten zu liegen kommt; darüber wird der Mantel gelegt, auf folgende Weise zubereitet:

Man legt den ausgebreiteten Mantel einmal zusammen von oben nach unten und rollt ihn dann von beiden Seiten auf, so dass er eine falsche Strohlade bildet, welche, nachdem man Rücken und Kopf des Verwundeten dazwischen gelegt hat, mit einigen Binden-Touren befestigt wird.

2. Lagerung bei Brustwunden.

Der Tornister liegt wie ad 1., jedoch wird die Verbandtasche nicht unter den Tornister gelegt. Der Mantel wird wieder von oben nach unten zusammengelegt, dann schlägt man beide Seiten bis in die Mitte ein, legt das ganze noch einmal zusammen und so unter den Rücken des Kranken.

3. Lagerung bei Querwunden des Bauches.

Tornister und Verbandtasche wie ad 1., eine zweite Verbandtasche stellt man aufrecht unter die Kniee des Kranken, nachdem man über dieselbe den wie ad 2. zusammengelegten Mantel gelegt hat.

4. Lagerung bei Wunden am Hinterkopfe, Nacken, Rücken und an der Seite.

Man legt den Tornister so, dass der Kessel sich nach hinten und unten befindet, der Kranke wird so auf die gesunde Seite gelegt, dass die Schulter gegen den Boden des Tornisters zu liegen kommt, eine Verbandtasche legt man hinter den Rücken des Kranken. Der wie ad 2. zusammengelegte Mantel kommt zwischen die Beine des Kranken zu liegen.

5. Lagerung bei Verletzung der untern Extremitäten.

Verbandtasche und Tornister liegen wie ad 1., der Mantel wird wie ad 1. zusammengerollt, nur wird in der einen Hälfte desselben das Gewehr des Kranken eingewickelt. Das Bein wird so zwischen den aufgerollten Mantel gelegt, dass das Gewehr an die äussere Seite desselben zu liegen kommt, der Kolben nach oben, der Lauf so weit nach unten, dass das obere Ende desselben etwas über den Fuss hervorragt. Je nachdem sich die Verletzung am obern oder untern Schenkel befindet, wird der Mantel höher oder tiefer gelegt. Das Ganze wird durch einige Binden-Touren befestigt. Vor den gesunden Fuss legt man die Cantine. —

Die Leute waren in diesen Lagerungen ausserordentlich geübt, und wussten besonders gut die vorhandenen Waffen als Schienen etc. zu benutzen.

Beim Aufheben und Wegtragen wurden keine Commandos gegeben, wie dies in Preussen von der Kopfnummer geschieht. Auch der Gebirgsschritt wurde weder geübt noch beim Tragen beobachtet, die Leute waren nur angewiesen ausser Tritt zu gehen; ich glaube, dass diese Bewegung auch ausreichen dürfte.

Die schwer Verwundeten wurden jeder Zeit zu den Krankenwagen gebracht und auf diesen fortgeschafft; kein schwer Verwundeter wurde direct auf den Verbandplatz getragen. Vor den Wagen wurden die Verwundeten auf die zu diesem Zweck herausgezogenen Wagenbahren gelegt, und zwar wurde hierbei die Bahre nicht unter den Verwundeten untergeschoben, sondern dieser herübergelegt. Dies doppelte Umladen hat grosse Schwierigkeiten —. eine Bahre für alle Zwecke ist gewiss vorzuziehen.

Das Gepäck des Verwundeten wurde, soweit es nicht zur Lagerung verwendet war, unter dem Kopftheil der Bahre untergebracht.

Die leicht Verwundeten setzten sich auf die Protze, die wie der Bock unserer Wagen drei Leicht-Verwundete gut aufnehmen konnte. Krücken erhielten die leicht Verwundeten nicht, dieselben wurden hier nicht geführt.

Sobald ein Wagen beladen war, fuhr derselbe im Schritt zum Verbandplatz ab; nur geleitet von dem ihm beigegebenen Wagenführer. Die Patrouille, welche die Verwundeten gebracht hatte, ging sofort mit ihrer Bahre zurück, um neue zu holen.

Der Verbandplatz wurde immer möglichst in der Nähe von Gebäuden und dabei an einem geschützten Orte aufgeschlagen. Hier waren die beiden Requisitenwagen placirt, zu jedem derselben gehörten vier Mann zum Auspacken, die so gestellt waren, dass zwei Mann rechts und zwei Mann links von seinem hintern Ende standen. Das Auspacken des Requisiten-Wagens geschah in der

Weise, dass ein rechter Winkel durch die Gegenstände um den Wagen gebildet wurde.

Die Verwundeten wurden von den Wagen mit der Bahre herunter genommen, und dann der Reihe nach auf wollene Decken niedergelegt. Ein Unterofficier führte auf der heruntergelassenen Klappe des Requisiten-Wagens eine genaue Liste, in welche die Namen der Verwundeten so wie ihre Verwundung identisch mit der ausgegebenen Karte eingetragen wurden.

Ein Operationstisch und Verbandzelt, wie dieselben in Preussen eingeführt sind, fehlten gänzlich. Dem Mangel eines Operationstisches soll, wie man mir sagte, möglichst durch gewöhnliche Tische abgeholfen werden und deshalb der Verbandplatz immer wo möglich in oder in der Nähe von Gebäuden sein.

An den zurück gebrachten Verwundeten wurde von den Leuten des 4. Zuges vielfach bandagirt und zwar von den Unterofficieren, die schon länger der Sanitäts-Compagnie angehörten, mit einer meisterhaften Geschicklickeit. Auch die Leute bandagirten recht gewandt und legten namentlich sehr gut die Tourniquets an.

Nachdem diese Uebungen, die einer der Aerzte immer speciell beaufsichtigte, während der andere den Krankentransport leitete, beendet waren, wurden die Requisiten-Wagen wieder gepackt, die Sanitäts-Wagen erhielten das Commando „Fertig zur Abfahrt zur Reserve", worauf die Gardinen zugeknöpft, die Sitzbretter in die Höhe geschnallt, die Wagenbahren zusammengeklappt, und die Hinterwände eingehakt wurden. Dann wurde gewöhnlich um 1 Uhr der Rückmarsch angetreten.

Es wurden ausser dem regulären Transport von Verwundeten mehrere besondere Uebungen gemacht, auf die ich noch näher eingehen muss. Eine derselben war die Herrichtung eines gewöhnlichen Bauernwagens zum Transportwagen für Verwundete. Diese wurde auf folgende Weise gemacht: An einem gewöhnlichen Bauernwagen mit vier Rungen und zwei Leitern wurden zunächst durch vier Fouragierleinen die Leitern mit den Rungen fest zusammen gebunden. Dann wurden drei grosse Querbäume unterhalb des obern Leiterbaumes in gleichem Niveau mit einigem Spielraum durch drei Fouragierleinen auf jeder Seite angebunden, über die drei Bäume starke Bretter gelegt, und diese hoch mit Stroh bedeckt. Die folgende Abbildung wird die Herrichtung des Wagens vollständig klar machen. Auf diesem so construirten Wagen kann man bequem vier Verwundete fahren; das Schwanken der ganzen Bretterlage verhindert unangenehme Stösse fast vollständig. In dem Raume zwischen der Bretterlage und dem Boden des Wagens hat alles Gepäck der Verwundeten vollständig Platz. Der einzige Einwurf gegen die Güte dieses Transportmittels möchte vielleicht in der Höhe der Lage bestehen, indem ein Schwerverwundeter ohne Bahre nicht hinaufgehoben werden kann.

Landwagen, zum Verwundeten-Transport hergerichtet.

Eine sehr sinnreiche Tragbahre machten die Sanitäts-Soldaten aus zwei Stangen, zwischen welchen eine Fouragierleine spitzwinklich herüber gespannt wurde, ein Mantel diente statt der Leinwand und ein untergelegter Tornister als Kopfgestell.

Es wurde ferner das Abbrechen eines schon aufgeschlagenen Verbandplatzes geübt, um ihn an einer andern Stelle zu etabliren.

Die Uebungen wurden im verschiedenartigsten Terrain vorgenommen, so auch im dichten Walde, wo dann die Sanitätswagen auf dem nächsten Wege fahren mussten.

Von allen Seiten wurden diese Uebungen mit eben so regem Interesse gemacht als verfolgt. Die Leute waren sehr willig und für die Zeit ihrer Ausbildung gut instruirt. Dass ihnen diese Thätigkeit wirklich Freude machte, bewies mehr als Alles der Ernst, mit dem sie sie vornahmen. Gewiss ist der Umstand, dass nur die besten Leute der Bataillone zu Sanitäts-Soldaten genommen werden, das beste Mittel zu einer exacten Ausübung dieses schwierigen Dienstes.

Am 23. Juni wurde die Sanitäts-Compagnie vom General-

Lieutenant *von Tschirschnitz* inspicirt, nachdem der General-Stabs-Arzt *Dr. Stromeyer* sich vorher von den Leistungen der Leute überzeugt hatte.

Zu den Feld-Lazarethen steht die Sanitäts-Compagnie nicht in dem Verhältniss wie die preussischen Krankenträger-Compagnien, indem die Sanitäts-Compagnie mit ihren Wagen ein zusammengehöriges Ganzes bildet, während die Abtheilungen der preuss. Krankenträger-Compagnie mit den leichten Feld-Lazarethen genau verbunden sind. Der Grund dieser weniger genauen Verbindung der Sanitäts-Compagnie mit den Feld-Lazarethen liegt wohl darin, dass Hannover nicht ausschliesslich die Feld-Lazarethe des 10. Bundes-Armee-Corps zu stellen hat, und andererseits die andern das 10. Bundes-Armee-Corps bildenden Staaten keine Sanitäts-Compagnien haben. Hannover hat für das 10. Bundes-Armee-Corps ein stehendes Lazareth von 1500 Betten und 2 ambulante Lazarethe von je 250 Betten zu stellen.

Was die Leistungsfähigkeit der Sanitätswagen für den Transport betrifft, so vermögen dieselben auf einmal zu transportiren:

Bei Herrichtung aller Wagen für schwer Verwundete in ihren ganzen vier Zügen mit 16 Wagen:

32 schwer Verwundete
48 leicht Verwundete
Sa. 80 Verwundete,

oder bei Benutzung der Wagen für schwer und leicht Verwundete

16 schwer Verwundete
80 leicht Verwundete
Sa. 96 Verwundete

oder wenn alle Wagen für leicht Verwundete eingerichtet sind, 112 leicht Verwundete. Nehmen wir noch hierzu die vier an jedem Wagen angebrachten Bahren, so können ausserdem noch 64 Verwundete mittelst derselben im Nothfall direct auf den Verbandplatz transportirt werden.

Anhang.

Uebersicht
der Zahl, der Rang-Verhältnisse und der Gehälter der Königl. Hann. Miltair-Aerzte des Friedens-Etats.

Zahl.	Militair-Aerzte.	Rang.	Gage. monatlich jeder. Thlr.	Gage. jährlich überhaupt. Thlr.	Anzahl eingerechneter: persönlich.	Portionen f. Pferdewärter.	Rationen.
1	General-Stabsarzt......	Oberst. .	225	2700	1	2	4
1	Assist.-Arzt zur Hülfeleistung	Prem.-Lieut.	45. 25	550	1	—	—
6	Ober-Aerzte der Cavallerie .	Hauptmann.	108. 10	1300	2	2	3
6	Assist.-Aerzte „ „ .	Prem.-Lieut.	58. 10	700	1	1	2
1	Ober-Arzt der Artillerie . . .	Hauptmann.	95. 25	1150	1	1	2
1	Assist.-Arzt der reit. Artillerie	Prem.-Lieut.	58. 10	700	1	1	2
3	„ „ der Fuss- „	„ „	37. 15	450	1	—	—
12	Ober-Aerzte der Infanterie . .	Hauptmann.	79. 5	950	1	—	—
28	Assist.-Aerzte „ „ . .	Prem.-Lieut.	37. 15	450	1	—	—
59	Aerzte.						

NB. Unter den Ober-Aerzten der Cavallerie, desgleichen bei der Infanterie befindet sich je ein Ober-Arzt, welcher den Titel „Stabsarzt" führt und welchem der Rang als „Major" beigelegt ist.
1 Ober-Stabsarzt steht im Etat der Ober-Aerzte der Infanterie und hat den Rang als Oberst-Lieutenant. Derselbe thut Dienst beim Medicinalstabe der Armee. —

Der gegenwärtige General-Stabsarzt hat seit 1863 den Rang als General-Major und bei seiner Berufung die Gage von 3000 Thl. erhalten.

Die 7 ältesten Ober-Aerzte und die 6 ältesten Assistenz-Aerzte erhalten ein jeder eine Anciennetäts-Zulage von jährlich 100 Thlr.

Für den Kriegs-Etat muss die Zahl der Militair-Aerzte bedeutend vermehrt werden, theils für die anzulegenden Hospitäler, namentlich auch für die Artillerie, da jede Batterie ihren eigenen Arzt erhält.

Die für den Kriegsfuss anzustellenden Ober-Stabsärzte und Stabsärzte haben den Rang und die Gage als Oberst-Lieutenant und Major, resp. 1900 und 1600 Thlr.

Die Feldzulagen betragen:
für den General-Stabsarzt täglich 4 Thlr. — Sgr.
      Ober-Stabsarzt . . „ 2 „ — „
      Stabs-Arzt . . . . „ 2 „ — „
      Ober-Arzt . . . . „ 1 „ 15 „
      Assistenz-Arzt . . „ 1 „ — „

Auch rücksichtlich der sonstigen Competenzen stehen die Aerzte den Officieren völlig gleich.

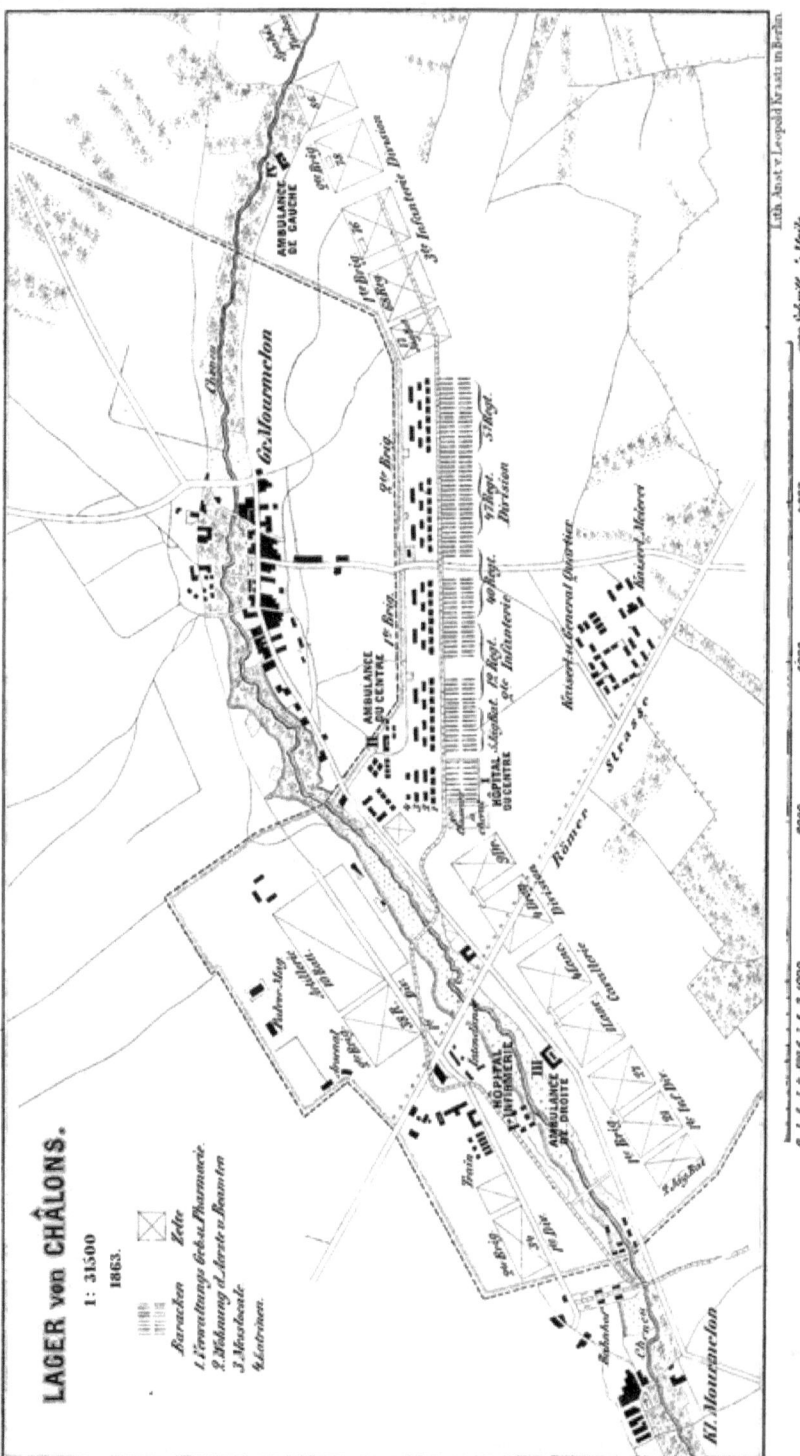